OUVERTURES HASSIDIQUES

DU MÊME AUTEUR

Le livre brûlé, Éditions Lieu Commun. 1986.
Lire aux éclats-Éloge de la caresse, Éditions Lieu Commun. 1989

COLLECTION OUVERTURE

La Franc-Maçonnerie, Daniel BÉRESNIAK.
La Cabale, Charles MOPSIK.
L'Islam, Mohammed ARKOUN.
Le Judaïsme, Josy EISENBERG.
Le Protestantisme, Claudette MARQUET.
Le Compagnonnage, François ICHER.

A paraître :

Le Talmud, Raphael COHEN.
Le soufisme, Hassan ARFAOUI.
Les pensées de Nietzsche, Louis CORMAN.
L'athéisme, Marc HAFEN.
La pédagogie, Jean MOREAU.
La laïcité, Daniel BÉRESNIAK.

MARC-ALAIN OUAKNIN

OUVERTURES HASSIDIQUES

Collection « Ouverture »
dirigée par Michel Grancher avec
Daniel Béresniak et Alain Guénette

JACQUES
GRANCHER
98, RUE DE VAUGIRARD
75006 · PARIS

Note sur l'auteur :

Né en 1957 à Paris, Marc-Alain Ouaknin, Docteur en Philosophie et Rabbin, enseigne actuellement la philosophie talmudique et dirige le centre ALEPH, Centre de Recherches et d'Études juive (Paris).
Il est l'auteur de plusieurs ouvrages consacrés à la pensée juive et au talmud, notamment :
Introduction à la littérature talmudique (Éditions Verdier, Paris, 1982)
Le livre brûlé : lire le Talmud (Éditions Lieu Commun, Paris, 1986)
Lire aux éclats : éloge de la caresse (Éditions Lieu Commun, Paris, 1989).
M.-A. Ouaknin participe régulièrement à l'émission télévisée, *La source de vie* avec le Rabbin Josy Eisenberg.
M.-A. Ouaknin collabore aussi régulièrement à divers journaux et revues universitaires et scientifiques.
L'un de ses plus récents ouvrages, *Le livre brûlé* consacré à une introduction systématique à l'univers talmudique, à ses méthodes, ses débats, sa logique et son histoire, a connu un succès retentissant en librairie. *Le livre brûlé* vient de faire l'objet d'une 3e édition.
Avec son second livre *Lire aux éclats, Éloge de la caresse,* M.-A. Ouaknin a réussi à imposer de nouvelles voies pour la pensée juive aux carrefours de la philosophie contemporaine et des textes traditionnels.
Ces deux livres sont traduits en anglais, allemand, espagnol et Japonais aux éditions Britt international publication.

A la mémoire d'Arnold Mandel,

L'enfant regardait le vieil homme qui dansait et qui semblait danser pour l'éternité.

– Grand-père pourquoi danses-tu ainsi ?

– Vois-tu mon enfant, l'homme est comme une toupie. Sa dignité, sa noblesse et son équilibre il ne l'atteint que dans le mouvement...

L'homme se fait de se défaire, ne l'oublie jamais !

AVANT-PROPOS

Lorsque le Baal Chem Tov, Maître du Bon-Nom et fondateur du Hassidisme, avait une tâche difficile devant lui ou voyait qu'un malheur se tramait contre le peuple juif, il allait se recueillir à un certain endroit dans la forêt ; là, il allumait un feu, méditait en prière et ce qu'il avait décidé de réaliser devenait possible : le miracle s'accomplissait, le malheur était révoqué.

Une génération plus tard, lorsque son disciple, le Maguid de Mezeritch devait intervenir auprès du Ciel pour les mêmes raisons, il se rendait au même endroit dans la forêt et disait : « Maître de l'Univers, prête l'oreille. Je ne sais plus comment allumer le feu, mais je suis encore capable de dire la prière ».

Et le miracle s'accomplissait encore une fois.

Dans la génération d'après, le Rabbi Moché-lev de Sassov, pour sauver son peuple, allait lui aussi dans la forêt et disait : « Je ne sais pas comment allumer le feu, je ne connais plus la prière, mais je me souviens de l'endroit, cela devrait suffire ».

Et cela était suffisant.

Puis, ce fut le tour de Rabbi Israël de Rijine d'écarter la menace. Il s'asseyait dans son fauteuil doré au cœur de son château, se prenait la tête entre les mains et s'adressait à Dieu : « Maître du Monde, je suis incapable d'allumer le feu, je ne connais pas la prière, je ne peux même plus retrouver l'endroit dans la forêt. Tout ce que je sais faire, c'est raconter cette histoire, cela devrait suffire ».

Là encore, le miracle s'accomplissait... [1]

Et à notre tour, nous sommes là, devant la responsabilité infinie de continuer à transmettre l'étincelle, le feu du récit, l'histoire du récit.

La ville a remplacé la forêt, une bibliothèque est devenue notre château, mais le hassidisme est toujours vivant.

Nous sommes tous des enfants, des petits-enfants et des arrière-petits-enfants du Baal Chem Tov, de ce Maître du Bon Nom, Rabbi Israël, fils d'Eliezer qui nous a enseigné que l'homme n'existait pas mais qu'il devait s'inventer. C'est cela, le hassidisme.

Le hassidisme n'est pas une doctrine mais une force, un souffle qui rappelle sans cesse à l'homme que sa perfection réside dans sa perfectibilité.

Certes, le hassidisme a une histoire. Un commencement, une évolution, une littérature, un folklore. Mais sa force réside dans la vie et non dans ce qui pourrait devenir son idéologie. Le Baal Chem Tov ne changea pas seulement la pensée, mais le climat et la qualité de l'existence juive.

Sans lui et ses paroles, sans lui et ses chants, sans ses disciples et la puissance de leur appel, sans le vertige de la danse de la pensée et du corps, que serait devenu le Judaïsme ?

Le hassidisme n'est pas un phénomène exclusivement « religieux ». C'est une manière d'être, caractérisée par un surcroît de vitalité et de vivacité.

Le hassidisme, c'est la joie de vivre et l'enthousiasme de réaliser ; c'est la merveille de sentir la vibration continue du monde, que toute chose a un sens, qu'il n'y a pas de « zone d'indifférence », qu'il n'y a pas de temps mort.

Le hassidisme est à proprement parler une ouverture vers le monde, Dieu et les hommes.

Amour de l'Autre, respect de sa différence, de son visage.

C'est parce que le hassidisme n'est ni une doctrine, ni un ensemble de pensées et de gestes pétrifiés, qu'il peut faire obstacle à tous les dogmatismes et toutes les idéologies au nom desquels sont perpétrées des violences, manifestations de la bêtise et de la méchanceté humaines.

Voltaire et Rousseau, Kant et Goethe, Mozart et Goya, Danton et Robespierre sont tous contemporains du Baal Chem Tov.

Mais la Musique, la Littérature, la Politique et la Philosophie, même quand elles furent portées à leur plus haute expression, n'ont pas su empêcher la dérive, la décadence de l'homme occidental et sa chute dans la barbarie.

Ce n'est pas Dieu qui est mort à Auschwitz, c'est l'homme.

Le hassidisme est la vigilance critique face à la haine.

Ce n'est pas l'amour du prochain qui n'existerait que dans une formule littéraire. C'est la rencontre, le face à face concret où l'homme apprend à connaître l'autre homme pour le respecter dans sa différence. Car qu'y a-t-il de plus meurtrier que le mensonge et l'ignorance ?

Le hassidisme n'est pas un passéisme dénué de sens.

« L'observateur obnubilé par ses préjugés, dans son esprit paresseusement schématique, verra dans la silhouette hassidique un naufragé qui absurdement se cramponne encore au radeau de son passé »[2].

Non, le hassidisme n'est pas une antiquité. C'est vrai,

des milliers, voire des millions de hassidim sont morts, mais le Hassidisme ne s'est pas laissé assassiner.

Oui, c'est vrai, des hassidim de Braslav sont entrés en chantant et en dansant dans les chambres à gaz : ils réussirent ainsi à prouver, au cœur de l'Enfer, qu'ils étaient restés des hommes jusqu'au bout, qu'ils ne s'étaient pas laissé défigurer, abaisser, pour ne pas mourir avant de mourir.

Non, décidément, le hassidisme n'est pas une antiquité ! Il existe et doit continuer à exister pour combattre la force des préjugés, pour combattre l'ignorance que nous avons des autres dans laquelle toute parole est déjà mensonge.

Nous montrons dans la seconde partie de ce livre les thèmes et variations de cette manière d'être et de penser qui, au sein du Judaïsme, dans une tradition qui remonte au Talmud et qui s'est épanouie de façon plus radicale dans le hassidisme, a permis et permettra de lutter contre les illusions, préjugés et stéréotypes idéologiques.

Si ces ouvertures hassidiques ont un sens, au-delà de l'aspect informatif qu'elles contiennent — dans la première partie — sur l'histoire de la mystique juive et de ses dérives, elles ont pour projet de faire mieux connaître ce qu'est le judaïsme pour enrayer la haine et le mépris, fille et fils de l'ignorance...

Nous faisons nôtre ici cet impératif catégorique d'Adorno qui énonce qu' « exiger qu'Auschwitz ne se reproduise plus est l'exigence de tout enseignement »[3]. Même s'il semble que la barbarie s'inscrive dans le principe même de la civilisation, il ne faut surtout pas désespérer de vouloir s'y opposer.

Adorno pense cependant qu' « une information sur les

qualités positives que possèdent les minorités persécutées ne servirait pas à grande chose ». En un sens, il a raison car les minorités ne sont pas persécutées pour leurs qualités positives ou négatives. Ce n'est pas la Raison qui dicte les actes de démence.

La folie destructrice ne fait que déguiser sa violence avec les habits de la Raison.

Mais Rabbi Nahman de Braslav ne nous a-t-il pas enseigné qu'il ne fallait jamais désespérer, même de l'homme !

L'homme se doit de faire un retour sur lui-même pour prendre conscience et enrayer les forces aveugles qui le pousseraient à frapper dans tous les sens.

Le hassidisme continue à nous enseigner la vigilance critique pour éviter que l'homme soit prêt à jouer le « jeu du pouvoir » et à s'incliner extérieurement devant le plus fort, qu'on aurait tendance à ériger en norme.

Le sens du hassidisme aujourd'hui ?

Que nous nous souvenions de notre futur !

Urgence du présent et non attitude maniaque qui érige la mémoire comme valeur première de notre comportement.

Auschwitz n'est pas seulement un lieu, c'est un symptôme et maintenant un symbole : « l'échec de l'humain ! » Le hassidisme, c'est la recherche au sein du Judaïsme de ce qui pourra faire échouer le « principe d'Auschwitz ».

Redonner à l'homme son autonomie, la force de réfléchir, de se déterminer par soi-même, de ne pas jouer le jeu.

Partout où la conscience est mutilée, elle se replie sur le corps et la sphère du corporel et elle prend la forme extériorisée d'un acte de violence ou de gestes linguistiques d'une violence physique à peine contrôlée.

Le hassidisme est ainsi l'ensemble des modalités qui

permettent à chacun de s'épanouir, de développer l'ensemble de ces capacités et de rencontrer la vocation unique dont il est porteur.

Le hassidisme est « expression » ! Mais s'il est joie et danse, expression d'un bonheur de vivre, il est aussi manifestation de douleur et d'angoisse.

Dire sa douleur et son angoisse, se permettre d'éprouver effectivement autant d'angoisse qu'en mérite la réalité du monde, c'est aussi déjà une manière fondamentale de déployer une plénitude de la conscience et d'éviter ainsi la plupart des effets destructeurs des angoisses non dites et recouvertes d'un pseudo-oubli.

On comprend pourquoi par exemple Rabbi Nahman de Braslav conseillait à ses élèves de consacrer un moment tous les jours à la possibilité de pleurer et d'exprimer ses propres malheurs et détresses[4].

Le hassidisme est par la joie et la douleur une lutte contre toute forme de violence.

Mais le hassidisme peut devenir mouvement et oublier sa vocation. En effet « les hommes qui s'insèrent aveuglément dans la collectivité se transforment eux-mêmes en quelque chose d'analogue à la matière inerte et se suppriment en tant qu'individus autodéterminés.

Cela va de pair avec la tendance à traiter les autres comme une masse amorphe »[5].

Mais le hassidisme vivant, conscient de la violence dont sont porteurs les groupes, met en place une éthique où ce qui est premier n'est pas la connaissance mais le respect du visage de chacun.

L'Ethique du hassidisme : faire en sorte que l'inhumanité n'ait pas d'avenir ! Le hassidisme n'est pas seulement venu pour comprendre l'homme, mais pour le transformer, pour ouvrir l'homme replié sur lui-même, pour l'ouvrir à l'autre homme, à l'étranger.

Là encore le hassidisme crie haut l'enseignement d'Abraham : le *Héssed,* l'accueil de l'étranger.

Le hassidisme voit dans l'autre, dans sa différence essentielle ce qui excite, stimule, et secoue.

L'Etranger est le miracle de la nouveauté qui peut par son surgissement faire sortir un individu, une société entière de son enlisement.

Par son apparition, l'Etranger est celui qui peut nous aider à devenir un arc tendu et non une branche coupée et flétrie.

Pour le hassidisme, l'Autre est ce qui rend possible l' « événement » ; l'Etranger, c'est aussi l'étrange, l'étrangeté, l'inconnu qui va faire naître le questionnement.

L'Autre dans son absolue étrangeté, c'est la découverte aussitôt remise en question ; c'est l'incertitude renaissante, mode selon lequel l'Autre homme peut passer parmi nous sans devenir « la vieille connaissance de ce monde »[6]. S'ouvrir à l'Etranger, c'est se donner la chance de se remettre en question, se donner la chance du Temps lui-même. L'hébreu le dit merveilleusement dans un mot qui signifie à la fois « inviter » et « produire le temps » : *lehazmine*[7].

Le hassidisme, c'est la conscience mise en question par le visage singulier et unique de l'Autre homme. Refus de voir dans un homme le simple échantillon identique de tous les autres hommes.

Le hassidisme, mise en question de la conscience et non pas seulement conscience de la mise en question.

Le Hassid, l'homme hassidique, fait ainsi l'expérience

de la perte de la souveraine coïncidence avec soi, de la perte du repos et de la complaisance de soi.

Cette expérience de la mise en question transforme incessamment l'être du hassid qui devient être de question, « homme-question » et non plus seulement un homme qui a des questions, qui se pose des questions.

Comme le dit Edmond Jabès : « Le juif ne pose pas seulement des questions : il est lui-même devenu question. »

Dans le refus de tomber dans le temps « définitif » et pour préserver la grandeur du temps « infinitif », le hassidisme met l'accent sur la parole de questionnement, la mise en mouvement du sens contre le dogmatisme de la Vérité.

Le hassidisme renoue avec le questionnement qui est le fondement même de la pensée juive, déjà depuis l'époque talmudique.

L'interrogativité fondamentale mise en place par le hassidisme ne signifie pas qu'il n'y a pas de réponse. Il peut y en avoir, mais il faut faire une distinction entre deux catégories de réponses.

Répondre veut dire se situer dans une structure dynamique entre la question et la réponse.

La véritable réponse renvoie dans sa formulation même à la question qui la traverse, qui l'anime : réponse vivante.

Là où le hassidisme ne peut pas s'engager, c'est dans cette catégorie de réponses qui ne se réfèrent qu'à une question résolue. Cette nouvelle modalité de la réponse veut pouvoir se justifier par elle-même, systématiquement, non pas comme réponse, mais comme tissu de *jugements*.

Le jugement, c'est la réponse dont on évacue tout ce qui la constitue comme réponse, c'est-à-dire toujours et encore son rapport à la question. *Un jugement est une réponse orpheline de sa question.*

La réponse hassidique contient encore la force de la question, de la vie et du temps.

Le hassidisme restera ce qui nous a enseigné de manière fondamentale que « la tradition est la plus noble des libertés pour la génération qui l'assume avec la claire conscience de sa signification, mais qu'elle est aussi l'esclavage le plus misérable pour celui qui en recueille l'héritage par simple paresse d'esprit »[8].

NOTES DE L'AVANT-PROPOS

1. Cité par Sholem en conclusion des *Grands courants de la mystique juive.*, Payot.
2. A. Mandel, *Les Juifs hassidiques, du XVIIIe siècle à nos jours,* Hachette, 1974.
3. T. W. Adorno, in *Modèles critiques,* Payot, 1984, p. 205.
4. Liqouté Moharan, 2e partie, chapitre 24.
5. Adorno, *op. cit., ibid.*
6. Levinas, *L'humanisme de l'autre homme,* Fata Morgana, 1972.
7. Le mot « temps » se dit Zemane.
8. Martin Buber, *Judaïsme,* Verdier, 1982, p. 9.

Ce livre est le fruit d'un travail mené dans le cadre de MAHANAÏM, Centre de Recherche de l'Aumônerie israélite des armées, dirigé par le Rabbin Claude Brahmi.

Que tous ceux qui ont concouru à sa réalisation, par leurs remarques, leurs encouragements ou leur aide technique trouvent ici l'expression de mes remerciements.

PREMIÈRE PARTIE

LES BASES HISTORIQUES DU HASSIDISME

1. *Qu'est-ce que le hassidisme ?*

Le hassidisme est un mot qui vient de l'hébreu *hassid*, c'est-à-dire l'homme porteur du *hessed*. Le *hessed* dans la Bible a un sens de lien juridique ou moral entre des hommes associés. C'est une sympathie témoignée spontanément sans qu'une association préalable l'ait rendu naturelle ou nécessaire entre deux individus.

Le hassidisme dans son sens moderne, tel que nous le présentons, est la dernière phase du développement de la mystique juive [1]. C'est un mouvement religieux populaire qui s'est développé parmi les masses juives de Pologne et de Russie dès le début du XVIIIe siècle et qui persiste encore jusqu'à nos jours [2].

Dans la tradition juive, le mot *hassid* et son pluriel *hassidim* qui peut signifier « pieux » ou « dévôt » a donné naissance par deux fois à un mouvement nommé « hassidisme ». Le premier se manifesta dans l'Allemagne médiévale [3]. Le second est le mouvement polonais et ukrainien des XVIIIe et XIXe siècles qui n'a strictement aucun rapport avec le premier, si ce n'est le nom.

Le présent ouvrage est consacré uniquement au hassidisme moderne qui vit le jour en Volhynie dans le premier quart du XVIIIe siècle.

Il y a plusieurs histoires du hassidisme : celle qui l'a méprisé, celle qui l'a célébré et celle qui l'a ignoré. Certains y ont vu comme essentielle la dimension d'une révolution sociale, d'autres la réhabilitation de l'imaginaire et du rêve, d'autres encore une mutation et une vulgarisation de la Cabale de Safed de Rabbi Isaac Louria. C'est tout cela à la fois, car le hassidisme n'est pas un système unique, ni une doctrine unique. C'est un courant religieux qui a eu de nombreuses expressions, chacune insistant sur tel ou tel point de façon privilégiée.

2. Pourquoi le hassidisme ?

Pour comprendre le hassidisme comme nouvelle période du judaïsme apparaissant dans un temps et un lieu bien déterminé, il faut analyser plusieurs paramètres, c'est ce que nous ferons dans les questions suivantes en étudiant les facteurs historiques et le paysage social et culturel de l'Europe de l'Est des années 1700-1750.

Nous avons commencé en disant : « le hassidisme est la dernière phase du développement de la mystique juive »[4]. Qu'est-ce à dire ?

La naissance d'une mystique à un stade déterminé de l'histoire religieuse est liée à certaines conditions.

Quand les grandes religions naissent et se constituent, elles ne sont pas encore des religions mystiques. Elles sont au départ le résultat de situations sociales et religieuses qui cherchent à situer l'homme par rapport à Dieu, ou des Dieux, qui permettent à l'homme de mesurer la distance qui le sépare du monde et de Dieu. La religion est le

« chemin » qui aide l'homme à franchir l'abîme le séparant de l'Au-delà qu'il nomme Dieu. Ainsi naissent les préceptes, la foi et les prières.

Pourtant, les forces qui conduisent à la création des religions ne cessent pas d'agir une fois la mise en place du « chemin ».

L'aspiration, le besoin de transcendance, de dépassement, de perfectibilité apparaissent comme enraciné dans la personnalité humaine, dans l'âme même de l'homme et ainsi la force de création religieuse continue de se manifester et d'agir après qu'un système religieux déterminé ait été constitué !

Le mystique naît quand des forces religieuses nouvelles s'éveillent dans le cadre d'une religion fortement institutionalisée.

En réaction à une sédimentation de la spiritualité, dans une communauté dont la sensibilité s'est atrophiée, dans une conscience aiguë d'un malaise de la société, les forces nouvelles se mettent à l'ouvrage.

Les fidèles se trouvent alors devant une alternative : ou bien ils cherchent à se frayer une nouvelle voie, à se trouver une expression et un cadre historique entièrement nouveaux. C'est ce qui est arrivé dans le cas du christianisme ; des aspirations religieuses nouvelles entraînèrent un certain nombre de croyants à faire éclater le cadre traditionnel de la communauté d'Israël.

Ou bien : malgré l'élan religieux nouveau, il reste un désir de fidélité au cadre traditionnel et les croyants tiennent à demeurer dans le sein de la communauté. C'est alors que se développe la mystique qui vise à une réinterprétation des données de la religion traditionnelle en leur conférant un sens conforme à la force nouvelle qui est en train de se révéler. Comme le fait remarquer

Sholem : « La mystique est toujours, dans l'histoire des religions, la mystique d'une religion déterminée et non la mystique tout court ».

Il faut donc, pour comprendre la mystique qui est toujours une phase d'un développement, rechercher les antécédents et mieux encore, comprendre le passage entre une période et l'autre.

La mystique ne serait pas tant un stade du développement religieux, mais l'écart entre une période et une autre. Pour le dire encore autrement, une période mystique est toujours un moment de crise, de rupture et de fracture...

Ainsi le hassidisme est un temps de renouvellement. Ses fondateurs et ses adeptes firent éclater l'inertie médiévale et ghettoïque, mirent un terme au judaïsme statique qui ne savait qu'opiner et était incapable de toute initiative. Dans cette révolution des mentalités, le hassidisme réussit un coup de maître. Contrairement à « l'émancipation » qui sortit du ghetto par la désagrégation et la dissolution du judaïsme, le hassidisme accomplit l'émancipation, non plus dans la fuite hors de soi, mais dans une plus puissante et plus chaleureuse intégration juive.

« Dans ce sens, le hassidisme est le précurseur de tous les successifs courants juifs de renouveau, stimulés par l'esprit du siècle, mais branchés sur le vouloir-être juif »[5].

Le hassidisme « existe à chaque fois qu'une société se souvient qu'il ne suffit pas d'être, mais qu'il faut encore exister, qu'il faut, pour vivre réellement, trouver sans cesse de nouvelles modalités d'existence, sans cesse continuer à s'inventer... »[6].

3. *Quels sont les horizons du hassidisme ?*

Dans la question précédente, nous avons évoqué la mutation d'une période à une autre pour expliquer le sens du hassidisme. Il nous faut maintenant poser cette question : quels sont les thèmes qui ont joué réellement un rôle déterminant dans la Genèse du hassidisme ?

Deux univers de pensée ont été l'objet de modifications dans les anciennes doctrines et les anciennes idées, et ont contribué à une nouvelle vision du monde. Il s'agit de la Cabale de Louria et de la théologie hérétique des Sabbatéens. Nous sommes ici dans un espace incontournable de l'histoire des idées de la pensée juive moderne. Rien ne peut être audible sans la compréhension de ces deux phénomènes que sont la nouvelle Cabale de Safed, l'événement Shabataï Tsvi et son satellite que constitue l'histoire de Jacob Frank.

Nous allons exposer l'aspect essentiel de ces trois éléments nécessaires à la compréhension du hassidisme.

4. *Qu'est-ce que la nouvelle Cabale ?*

Sholem établit une distinction fondamentale entre l'ancienne et la nouvelle Cabale[7].

La Cabale primitive est celle qui s'est développée en Espagne au XIIe siècle en donnant naissance entre autre au *Zohar* et au *Livre de la Création.*

Cette tradition avait comme problématique la délivrance des chaînes de ce chaos qu'est l'Histoire : une recherche pour sortir de la confusion et des cataclysmes de l'Histoire. Les Cabalistes espagnols choisirent la voie de ce que l'on pourrait appeler une archéologie, une fuite vers le commencement, vers la Genèse primitive du ou des mondes. On peut dire aussi qu'ils cherchaient la rédemption individuelle, une mystique de l'individu. Les questions posées étaient : « En quoi consiste la vie d'un juif? Quel est le secret de son existence ? Quel est le secret de la Tora, des actes de l'homme ici-bas et de ses rapports avec Dieu ? »

Avec l'expulsion des juifs d'Espagne en 1492, la Cabale changea de problématique. Les questions devinrent plus existentielles et plus ancrées dans la réalité, dans la réalité historique.

L'expérience tragique et très concrète de l'exil fit de l'exil et de la rédemption une question vitale pour les esprits vivants et créateurs de la nation dans le domaine religieux.

Cette remarque explique aussi comment une doctrine émanant d'un cercle restreint se transforma en un mouvement collectif et devint un facteur historique d'une puissance extraordinaire.

Les nouveaux Cabalistes de Safed ne se préoccupèrent plus de l'***archéologie*** mais de l'***eschatologie*** des mondes, de sa fin et de sa rédemption.

La nouvelle Cabale a été la réponse religieuse du judaïsme à l'expulsion des juifs d'Espagne.

En une génération, en l'espace de quarante ans qui suivirent l'expulsion, se firent jour une fermentation et un réveil messianique d'une puissance formidable.

Dans la petite ville de Safed en Galilée se retrouvèrent à cette époque les plus grandes sommités du judaïsme mondial.

C'est là que Rabbi Isaac Louria élabora et enseigna sa vision du monde qui est un des moments clefs de l'histoire de la pensée d'Israël. Né à Jérusalem en 1534, il mourut à Safed en 1572 à l'âge de 38 ans.

La Cabale de Rabbi I. Louria connut un succès immédiat, car elle répondait aux questions de l'existence.

5. Quels sont les thèmes fondamentaux de la nouvelle Cabale ?

Il est nécessaire ici de simplifier énormément un ensemble de concepts qui sont développés sur des milliers de pages.

Les idées développées par Rabbi Isaac Louria sont en fait des étapes d'une philosophie de l'histoire au niveau cosmique. La doctrine hassidique reprendra les mêmes thèmes et leur donnera une portée existentielle. Il y a trois moments essentiels : le ***Tsimtsoum*** ou le retrait, la ***Chevira,*** la brisure, et le ***Tiqoun*** ou la réparation[8].

I — La Tsimtsoum ou le retrait

La théorie du ***Tsimtsoum*** représente une des conceptions les plus surprenantes et les plus hardies dans l'histoire de la Cabale. ***Tsimtsoum*** signifie originellement « concentration » ou « contraction ». Dans le langage cabaliste, il est mieux traduit par « retrait » ou « rétraction ».

Rabbi Isaac Louria se posa les questions suivantes :

— Comment peut-il y avoir un monde si Dieu est partout ?

— Si Dieu est « Tout en Tout », comment peut-il y avoir des choses qui ne soient pas Dieu ?

— Comment Dieu peut-il créer le monde ex nihilo, s'il n'y a pas de néant ?

Rabbi Isaac Louria répondit en formulant la théorie du ***Tsimtsoum*** ou « Retrait ». Selon cette théorie, le premier acte du Créateur ne fut pas de se révéler lui-même à quelque chose d'extérieur. Loin d'être un mouvement vers le dehors ou une sortie de son identité cachée, la première étape fut un repli, un retrait; Dieu se retira « de lui-même en lui-même » et, par cet acte, abandonna au vide une place en son sein, créa un espace pour le monde-à-venir.

En un certain point au sein de la lumière de l'In-fini ***(En-sof),*** l'essence divine ou la « lumière » s'éclipsa ; un espace était laissé vide au milieu. Par rapport à l'Infini, cet espace n'était pas plus qu'un point infinitésimal, mais par rapport à la Création, c'était tout l'espace cosmique. Dieu ne put se manifester que parce qu'au préalable il se retira.

Dans les écrits lourianiques, l' « espace vide » est dénommé par le terme de ***Tehirou.*** Selon Louria, il est resté dans ce vide primordial, un faible résidu, une trace de la plénitude et de la lumière divine, appelée ***Rechimou.***

II — La Chevira ou la brisure

La deuxième étape du processus de la Création dans la Cabale de Louria se nomme ***Chevirat kelim*** ou « brisure des vases ».

Après le ***Tsimtsoum,*** la lumière divine jaillit dans l'espace vide sous forme d'un rayon en ligne droite. Cette lumière se nomme ***Adam Qadmom,*** c'est-à-dire l' « homme primordial ». Adam Qadmom n'est rien d'autre qu'une première figure de la lumière divine qui vient de l'essence de ***l'En-sof*** (Infini) dans l'espace du ***Tsimtsoum,*** non pas de tous côtés, mais comme un rayon dans une seule direction.

Au départ, les lumières émanées étaient équilibrées, c'est-à-dire homogènes ***(or yachar, veor hozère),*** puis les lumières qui jaillirent des yeux de « l'homme primordial », émanèrent selon un principe de séparation, atomisées ou punctiformes ***(olam haneqoudim).***

Ces lumières furent contenues dans des vases solides. Quand ces lumières émanèrent par la suite, leur impact se révéla trop fort pour leurs récipients qui, ne pouvant les contenir, éclatèrent. La majeure partie de la lumière libérée remonta à la source supérieure, mais un certain nombre d' « étincelles » demeurèrent collées aux fragments des récipients brisés. Ces fragments, de même que les « étincelles » divines qui y adhéraient, « tombèrent » dans l'espace vide. Ils y donnèrent naissance, à un moment donné, au domaine de la ***Qlipa,*** c'est-à-dire l' « écorce » ou la « coquille » que la terminologie cabaliste nomme l' « Autre Côté ».

La « brisure des vases » introduit dans la création un déplacement. Avant la brisure, chaque élément du monde occupait une place adéquate et réservée : avec la brisure, tout est désarticulé. Tout est désormais imparfait et déficient, en un sens « cassé » ou « tombé ». Toutes les choses sont « ailleurs », écartées de leur place propre, en exil... Insistons sur cet aspect fondamental de l'explication de Louria.

Les termes essentiels sont, ici, les mots « exil » et « étincelles ». Les étincelles de sainteté sont tombées dans le monde et sont entourées par des écorces qui empêchent la possibilité de les atteindre. Le travail de l'homme sera de les briser.

L'Exil n'est plus seulement celui du peuple d'Israël, mais d'abord l'exil de la Présence divine dès l'origine de l'univers.

Ce qui advient dans le monde ne peut être que l'expression de cet exil primitif et essentiel (on serait tenté de dire : ontologique).

Que la présence divine, la ***Chekhina,*** soit ontologiquement en exil est une idée révolutionnaire et hardie. Toute l'imperfection du monde s'explique par cet exil.

L'importance historique de ces idées est évidente. Elles fournissent une réponse immédiate au problème le plus puissant de l'époque : l'existence d'Israël en exil.

Le système de Louria donne aux juifs l'assurance qu'ils ne sont pas les seuls concernés par leurs souffrances mais que celles-ci contiennent un mystère profond. L'amère expérience d'Israël n'est que le symbole, fût-il douloureux et concret, d'un conflit au cœur de la création.

Cette explication cabaliste est d'une originalité saisissante dans la mesure où elle ne considère pas l'exil uniquement comme une épreuve pour la foi, ni comme une punition pour les fautes, mais avant tout comme une mission.

Comme nous allons maintenant le montrer en détail, le but de cette mission est d'élever les étincelles saintes dispersées et de libérer la lumière divine et les âmes saintes du domaine de la ***qlipa,*** que représentent sur un plan terrestre et historique la tyrannie et l'oppression.

III — Le Tiqoun ou la réparation

Le ***Tiqoun*** qui signifie « réparation », « restauration » ou « réintégration » est le processus par lequel l'ordre idéal est rétabli; c'est la troisième phase fondamentale du grand cycle proposé par Louria.

La « brisure des vases » est une défectuosité qui

requiert réparation ; la création du côté divin comme du côté humain doit entrer dans un processus de ***Tiqoun.*** Il faut ramener les choses à leur place et à leur nature propre. La réparation ne peut pas se faire d'elle-même, c'est à l'homme qu'incombe la responsabilité de cette étape. L'homme devient responsable de l'histoire du monde. La philosophie de l'histoire de Louria devient ainsi une philosophie engagée où l'homme acquiert une place centrale.

L'homme et Dieu deviennent associés dans la création. Il est vrai qu'après « la brisure des vases », Dieu a révélé de nouvelles lumières et a déjà commencé à réparer le monde, mais cette réparation n'est pas terminée. Le monde ne s'est pas tout à fait trouvé réparé par l'action divine.

L'acte décisif a été confié à l'homme.

On peut dire que l'histoire de l'homme est l'histoire du ***Tiqoun.***

6. L'homme peut-il réussir le Tiqoun ?

L'histoire de l'Homme est l'histoire du ***Tiqoun,*** c'est-à-dire l'histoire de l'échec du ***Tiqoun.***

Sans cet échec, l'Histoire elle-même n'existerait pas et l'homme serait dans la situation du philosophe à la fin de la « phénoménologie de l'esprit » de Hegel, il serait un être achevé, c'est-à-dire mort.

La « conscience malheureuse » dont parle Hegel pour décrire la « conscience juive » est justement ce qui fait son bonheur, sa chance et sa vie.

L'impossibilité de la réussite du ***Tiqoun,*** de cette atteinte de la réparation, définit l'homme comme un être

« à être » dont l'éthique n'est plus celle de la perfection, mais de la perfectibilité [9].

Ce que nous venons de dire est une interprétation et une prise de position de l'échec dans sa positivisation.

Au niveau des textes de Rabbi Issac Louria, on rencontre l'idée d'un premier essai du ***Tiqoun*** avec ***Adam harichone,*** Adam le premier homme. Adam aurait dû réparer le monde, mais il n'a pas accompli sa tâche. S'il l'avait fait, la Genèse aurait conduit immédiatement à l'état messianique, ce qui veut dire qu'il n'y aurait pas eu de développement historique. L'exil cosmique aurait pris fin, Adam ayant été alors l'agent de la rédemption qui aurait rétabli le monde dans son unité. Le processus historique serait achevé avant même d'avoir commencé.

Hélas, ou plutôt heureusement, Adam échoua. Au lieu d'unir ce qui devait être uni et séparer ce qui devait être séparé, il sépara ce qui était uni : « il sépara le fruit de l'arbre ».

L'Echec du premier homme ramena le monde qui était presque réparé à sa condition antérieure. Ce qui s'était passé lors de « la brisure des vases » se reproduisit. Les bouleversements provoqués par la brisure des vases sur le plan ontologique furent répétés et reproduits aux niveaux anthropologique et psychologique.

L'entrée de l'homme dans le jardin d'Eden correspond au moment de la presque restauration de la brisure. L'épisode du fruit et la sortie du jardin signifient la seconde brisure. La Mission qu'avait Adam de réparer et restaurer les mondes, rejaillit maintenant sur les descendants mais de manière incomparablement plus difficile et plus complexe.

Avant son échec, Adam comprenait en lui l'ensemble des autres âmes humaines à venir.

Avec la seconde brisure, les « étincelles » d'âmes humaines partagèrent désormais le destin de la ***Chekhina*** divine enfermée dans les fragments dispersés des récipients brisés : ils furent emprisonnés dans les « écorces » : la ***qlipa.***

7. *Qu'est-ce qu'une étincelle ?*

L'idée que l'âme d'Adam comprend toutes les âmes à venir est reprise du *Midrach Tanhouma*[10].

La clef qu'enseigne ainsi le Midrach est la participation de chacun à l'ensemble de ces aventures primordiales qui sont à considérer comme des données ontologiques, anthropologiques et psychologiques.

Ainsi le ***Tsimtsoun,*** la ***Chevira*** et le ***Tiqoun*** ne sont pas seulement des dimensions cosmologiques à reléguer dans un passé mythique mais concernent l'homme, l'humanité de l'homme en général.

Avec toutes les nuances que nous allons lui apporter, cette remarque est fondamentale pour comprendre la Genèse du Hassidisme.

Rabbi Isaac Louria enseigne que l'âme est composée de 613 parties : chacune de ces parties est composée à son tour de 613 parties ou « racines » (chorech) ; chacune de ces « racines » dites majeures se subdivise en un certain nombre de « racines » mineures ou « étincelles » ***(Nitsotsot)***.

Chacune de ces « étincelles » est une âme individuelle sainte.

Si Adam avait accompli sa mission, toutes ces âmes et étincelles seraient demeurées en son sein, et auraient réalisé ensemble la restauration, le grand ***Tiqoun.***

L'échec d'Adam ruine totalement la possibilité de ce grand ***Tiqoun***. Des âmes remontèrent vers le haut, à leur racine et ne reviendront pas avant la réussite du ***Tiqoun***. D'autres âmes demeurèrent au sein d'Adam. La plupart des « âmes-racines » et des « âmes-étincelles » sortirent d'Adam pour tomber dans le domaine de la ***qlipa***, de l' « écorce » et constituèrent dans le domaine de l' « Autre-Côté » un « anti-Adam » qui est le négatif de l' « Homme primordial » Adam-Qadman que l'on rencontre dans le domaine de la Sainteté.

L'Homme entra alors sur la scène de l'Histoire participant de l'Adam et de l'anti-Adam, du « côté de Sainteté » et de l' « Autre-côté ».

8. Que signifie l' « élévation des étincelles » ?

Dans le système de Louria, le ***Tiqoun*** implique deux opérations; d'une part le rassemblement des étincelles divines tombées en même temps que les fragments des vases brisés dans le domaine des « écorces » ou ***qlipa***, d'autre part, le rassemblement des âmes saintes emprisonnées dans les « écorces » et soumises à l'Anti-Adam.

Ces deux opérations de ***Tiqoun*** sont comprises dans le symbole de l' « élévation des étincelles ».

Ce symbole exprime le sens véritable et le mystère de l'histoire de l'humanité, et d'Israël en particulier.

Certaines âmes sont des étincelles du domaine de Sainteté, d'autres sont issues de la qlipa de l'Autre-côté. La qlipa contient aussi des étincelles saintes qui attendent leur ***Tiqoun***, la brisure de l' « écorce » qui les délivrera. Depuis l'exclusion d'Adam du jardin d'Eden, chaque moment important de l'histoire est l'occasion d'un ***Tiqoun,*** mais aucun ne porte ses fruits de manière radicale. La relecture cabalistique des textes traditionnels, Bible et Talmud, insiste sur ces moments privilégiés, leurs tentatives et leurs échecs.

La Révélation de la Tora au Mont Sinaï, par exemple, fut un temps de ***Tiqoun :*** le monde était sur le point d'être totalement restauré mais la faute du veau d'or ramena tout au chaos.

Remarque importante : la Loi fut donnée à la suite de cette nouvelle brisure pour réaliser un ***Tiqoun*** ultérieur au moyen des commandements. Rappelons que l'on répertorie 613 commandements ayant chacun pour fonction la possibilité de la restauration des 613 parties de l'Adam primordial.

9. Existe-t-il des étincelles individuelles ?

Dans les questions précédentes, nous avons parlé d'étincelles de manière générale et collective. On doit ici insister sur l'existence d' « étincelles individuelles » qui constituent la particularité et l'unicité de chaque homme. L'âme humaine se compose de différentes lumières ou aspects dont l'ensemble produit l' « étincelle individuelle » de chacun.

Chaque « étincelle individuelle » est divisée en trois niveaux : ***nefech, rouah, nechama,*** et chaque niveau comporte 613 parties.

Une hiérarchie ascendante ordonne les trois sortes d'âme de telle manière qu'un homme ne réalise l'une qu'après avoir parfait la précédente.

Deux degrés supérieurs ***haya*** et ***yehida*** ne sont atteints que par quelques âmes élues qui ont été illuminées par la plus haute des lumières [11].

La tâche de l'homme est d'atteindre la perfection de son « étincelle individuelle » à tous les niveaux.

Il est possible qu'une seule vie ne suffise pas pour ce travail. Il se peut que le ***Tiqoun*** doive être réalisé laborieusement et par étape au cours de nombreuses vies et transmigrations, ou ***Guilgoulim.***

Cette idée du ***Guilgoul,*** de la transmigration, est corollaire de la théorie de l' « étincelle individuelle » et a pénétré la conscience ou plutôt l'inconscient du judaïsme. De manière étrange, c'est une idée qui a été refoulée par la suite quoique non moins bizarre que l'idée et la croyance en l'existence tout aussi vague de l'âme.

Il est important chez les Cabalistes de l'école de Louria de découvrir la racine de leur âme comme si seule cette connaissance permettait à l'homme de restituer son âme à sa racine céleste.

« Il incombe à chaque homme de chercher avec application et de connaître la racine de son âme afin de pouvoir la parfaire et la rétablir dans son état originel qui est l'essence de son être. Plus un homme se perfectionne, plus il se rapproche de son être propre [12]. »

Remarque importante : il existe un lien interne, sorte de sympathie entre les âmes, qui rattache toutes les étincelles provenant d'une même racine et celles-ci — et elles seules — peuvent s'entraider et s'influencer réciproquement en ce qui concerne leur ***Tiqoun*** commun.

10. Quel est le rôle de l'exil ?

Nous avons montré que l'Exil est la conséquence de la brisure. La question qui est posée ici est celle que se posèrent les générations de l'expulsion des juifs d'Espagne et d'autres pays.

Le succès du système de Louria vient en grande partie — comme Sholem l'a souligné — du fait qu'il constituait une réponse aux bouleversements historiques de son époque.

Louria arrive à produire un système explicatif — une thèse philosophico-mystique du processus historique.

De plus, c'est une thèse qui prend l'homme à partie en le responsabilisant quant aux destinées du monde et la possibilité de la Rédemption.

L'homme responsable de l'Histoire est encore à entendre dans son sens collectif. Le peuple d'Israël tout entier a été revêtu d'une fonction propre. Il doit préparer le monde du ***Tiqoun,*** ramener chaque chose à sa place ; il a le devoir de rassembler, de recueillir les étincelles dispersées aux quatre coins du monde.

Par conséquent, il doit lui-même, le peuple, être en exil aux quatre extrémités de la terre. L'Exil n'est pas seulement un hasard, mais une mission qui a pour but la réparation et le « tri ».

En effet la réparation s'accomplit sous la forme d'un « tri » du bien à partir du mal, visant à la séparation absolue des domaines du Saint et de l'impur qui se sont mélangés lors de la brisure originelle et au moment de l'épisode du fruit dans le jardin d'Eden.

Les enfants d'Israël sont complètement engagés dans le processus de l' « élévation des étincelles », non seulement à partir des lieux qu'ils foulent de leurs pieds dans leur exil, mais aussi au sein de l'exil cosmique où ils sont jetés intérieurement et qu'ils mènent à son terme peu à peu par leurs actes. C'est à partir de cette conception, nous y reviendrons, que les maîtres hassidiques créeront la théorie et la pratique des voyages, non pas initiatiques, mais qui ont trait à l' « élévation des étincelles »[13].

11. La réparation a-t-elle un aspect concret ? : le messianisme ?

Très vite les idées de Rabbi Isaac Louria frappèrent l'imagination du public. Nous avons expliqué que ce fait est dû essentiellement au caractère explicatif de la théorie quant à la situation historique des juifs de l'époque. Un autre facteur est à signaler, à savoir le caractère concret des images proposées par Louria. Les images sont simples, même si les commentaires que l'on peut en faire savent être subtils et profonds.

Dans la période que nous analysons ici, le XVIIe siècle, les juifs, riches ou pauvres, vivaient dans un sentiment d'incertitude constant. Personne n'était à l'abri des fluctuations économiques et des effets défavorables des événements politiques. De ce fait, il n'y avait pas de différence essentielle sur le plan socio-psychologique entre les différentes communautés de la diaspora.

Dans ce contexte, le renouveau religieux à Safed et la Cabale lourianique remplirent une fonction idéologique qui dépassa considérablement la seule visée religieuse de ses initiateurs.

Les images concrètes des ***Tsimtsoum, Chevira*** et

Tiqoun acquirent rapidement une dimension nationale et un grand pouvoir dynamique.

Le ***Tiqoun,*** sorti du domaine purement mystique et de son aspect cosmique et ontologique, prit surtout un caractère politique, traduit dans un premier temps par la création d'une tension de nature messianique. La « réparation » du ***Tiqoun*** se transforma rapidement en « rédemption » des âmes et des corps. Le ***Tiqoun*** fut entendu comme rédemption de l'individu et de la collectivité.

12. Quel est le rôle du messie dans la cabale de Louria ?

Lorsque l'homme et la communauté auront accompli leur rôle actif symbolisé par l' « élévation des étincelles », le ***Tiqoun*** sera achevé ; la « réparation » sera terminée et toutes les choses se trouveront à la place où elles se trouvaient au temps primordial du monde. Ce moment sera celui de la « rédemption ».

La « rédemption vient d'elle-même car elle n'est rien d'autre que la « Réparation ». Les deux notions sont identiques : si le monde est réparé, il est impossible que la « rédemption » ne vienne pas, puisqu'elle ne fait qu'exprimer l'état parfait et impeccable du monde, un monde harmonieux où chaque chose se trouve à sa place. Cela revient à dire que travailler à la « réparation » du monde consiste de fait à travailler à sa « rédemption ». Pour Rabbi Isaac Louria, notre rôle est de réparer le monde intérieur et extérieur par nos actions. Cette idée est l'une des plus fondamentales car elle confère aux ***Misvot*** (préceptes de la Loi, ***Halakha*** en hébreu) une signification et une dimension cosmique. Dès lors il existe un lien entre le judaïsme traditionnel, ses préceptes et ses idées et les forces fondamentales mystérieuses qui sont à l'œuvre dans le monde entier.

L'homme qui accomplit un précepte ne fait plus simplement que l'accomplir, il se livre à une action universelle. Il répare quelque chose. L'action de l'homme devient le moteur même de l'histoire.

Par nos actes, nous sommes tous engagés dans une unique aventure messianique à laquelle nous sommes tenus de participer.

Dans ce contexte le Messie n'est pas celui qui produit la Rédemption, il n'est que la manifestation de la réussite de Rédemption.

On ne peut plus attendre le Messie, on doit le créer. En tant que symbole de l'achèvement du ***Tiqoun,*** le Messie perd sa valeur personnelle, et on comprend pourquoi il a peu d'importance dans la Cabale de Rabbi Isaac Louria.

La notion d'un homme-messie disparaît. Il n'y a plus un sauveur de l'humanité qui rachète l'humanité par sa simple existence et sa simple souffrance.

Ces notions sont révolutionnaires dans la mesure où elles bouleversent les idées reçues sur le Messie, voyant en lui une sorte de sauveur miraculeux qui, par sa seule action, amènerait la Rédemption.

A partir de Louria, on attend plus un mouvement messianique déterminé, lié à un Messie nomminément désigné ; le Messie devient le peuple d'Israël tout entier. C'est le peuple d'Israël dans son ensemble qui se prépare à réparer la cassure originelle. On comprend dans ce contexte que la Rédemption d'Israël (au sens national et politique du terme) ait été une perspective très réelle. Comme le dit Sholem, « on peut dire sans exagération que les Cabalistes furent des nationalistes aussi extrémistes que possible ».[14]

Pour terminer ce résumé des concepts-clefs de la nouvelle Cabale, on peut dire que sa révolution consista précisément à rendre au juif le sentiment de sa responsabilité et de sa dignité en lui faisant prendre conscience que l'Histoire n'est pas une fatalité, que le juif n'est pas destiné à être malheureux, mais qu'il a en lui de manière collective et individuelle les ressources d'un combat pour le bonheur, les forces de sa liberté.

13. Quel est l'horizon sociologique du hassidisme

Dans la question 3, nous avons dit que l'horizon théologique du hassidisme, en dehors des textes et des idées traditionnels comme la Bible, le Talmud et les décisionnaires, était la combinaison de la Cabale de Louria, de l'épisode de Shabatai Tsvi et du cas Jacob Frank.

Nous venons d'exposer les grandes lignes de la Cabale de Safed, d'Isaac Louria, telle qu'elle s'est transmise et vulgarisée jusque dans les premiers cercles hassidiques du début du XVIIIe siècle.

Avant d'aborder l'épisode de Shabataï Tsvi, pour faire une pause en quelque sorte dans cet univers théologique, nous allons aborder une description de l'espace social. Nous allons essayer de rencontrer des hommes dans leur milieu, dans leur vie quotidienne. Comme le dit Arnold Mandel, « le hassidisme des temps modernes (XVIIIe siècle) est avant tout et surtout un chaînon de la chaîne de la tradition juive. Son précurseur direct est le cabalisme de Safed du XVIe siècle, et il doit davantage à la Galilée qu'au grand-duché de Varsovie ou au pays du Dienstr.

Cela dit, le cadre géographique et le climat social le marquent tout de même assez profondément, ponctuant sa vie et ses rythmes »[15].

Pour comprendre le hassidisme, son univers, sa vie, sa psychologie, ses concepts, sa musique et ses danses, il est nécessaire de faire une mise au point radicale. Manes Sperber et Arnold Mandel l'ont déjà faite, il n'est pas inutile d'y insister.

Si on posait la question : « Dans quelles conditions et où habitaient les juifs de Pologne durant les siècles passés ? », nous aurions une réponse quasi identique et unanime : « les juifs habitaient le ghetto ».

Or, le hassidisme russo-polonais du XVIIIe siècle n'a strictement aucun rapport avec le ghetto. Pour reprendre un néologisme cher à Arnold Mandel, le hassidisme n'est nullement « ghettoïque ». Cela peut paraître surprenant dans un contexte où l'habitude incite à appliquer le terme de « ghetto » à tout ce qui est juif prononcé ou affirmé. Or les juifs de l'Europe de l'Est n'ont pas connu le statut, ni le mode de vie « ghettoïque ». On a beau trouver l'expression générique de « ghettos de Pologne et de Russie », il n'y a jamais eu de ghettos en Pologne, en Ukraine, ou en Russie, ni du temps du Tsar, ni plus tard, avant 1940. Le ghetto polonais est une création de l'ère hitlérienne.

Au contraire, l'agglomération juive la plus carcatéristique était sociologiquement et psychologiquement le contraire du ghetto, elle se nommait le ***Shtetl***[16].

14. Quelle différence entre le « ghetto » et le « Shtetl » ?

Le ghetto est un concept occidental : le nom est italien, et le premier de tous les ghettos de l'histoire fut celui de Venise (1515-1516).

C'est après une campagne d'expulsion des juifs qu'il fut décidé d'isoler la communauté juive dans un quartier réservé. Le lieu choisi, connu sous le nom de ***ghetto nuovo,*** était proche d'une ancienne fonderie de canons, dans la partie des îles centrales la plus éloignée de la place St-Marc. On transforma l'endroit en île en creusant des canaux bordés de hauts murs, puis on aveugla toutes les fenêtres extérieures et on perça deux portes que garderaient quatre sentinelles chrétiennes ; six autres patrouilleraient les canaux. La solde des six sentinelles serait à la charge de la communauté juive à laquelle on imposa de prendre les terrains en bail perpétuel, moyennant un loyer un tiers plus cher que le prix courant.

Le ghetto s'agrandit successivement en 1542 et en 1633. En 1653, pour une population de 98 244 habitants à Venise, le ghetto abritait 5 000 juifs.

En fait, l'idée d'un quartier réservé pour les juifs n'était pas nouvelle. Elle remontait à l'antiquité. La plupart des grandes cités musulmanes en avaient un.

En Europe, durant les premiers siècles du Moyen-âge, les juifs avaient souvent exigé qu'on leur réserve un quartier ceint de murs avant qu'ils ne s'installent dans une ville. Le projet du ghetto de Venise différait de ces anciens quartiers par le fait qu'il était créé pour tirer le meilleur parti économique possible de la présence des juifs. Malgré tout, les juifs acceptèrent à Venise et partout ensuite en Occident cette modalité de vie car ils avaient l'impression d'une certaine sécurité. De plus, à l'écart du monde chrétien, ils jouissaient d'une liberté de culte et créèrent une vie culturelle intense.

La vie en ghetto était caractérisée par le retranchement des juifs derrière de hautes murailles destinées à la fois à leur protection et à leur isolement.

Mais, remarque essentielle, le juif du ghetto occidental s'intégrait à la chrétienté, négativement, en quelque sorte. Humble et en retrait, la synagogue était le repoussoir de la cathédrale.

Le juif du ghetto était un juif « intra muros ». L'existence du ghetto était marquée, entre autre, par une totale extériorité des habitants du ghetto par rapport à la nature. Vie du ghetto, vie urbaine, petites venelles sombres sans aucun contact avec la nature, l'homme du ghetto ne pouvait jamais se sentir libre et il assumait constamment le poids terrible de la malédiction décrite pour lui et sur lui par la Chrétienté.

Si les habitants du ghetto ne pouvaient pas toujours sortir de leur quartier, les autres pouvaient toujours y faire incursion : « Populace en liesse et ivresse, gens d'armes et magistrats, syndics et échevins » [17].

Il y avait peu d'artisans dans le ghetto, l'exercice des métiers artisanaux était soumis à l'appartenance aux corporations dans lesquelles les juifs ne pouvaient pas entrer. Les métiers du ghetto : brocanteurs, prêteurs sur gages.

Comme le montre A. Mandel, « en tant que membre d'une caste, le juif du ghetto médiéval se situait au tout dernier rang, étant le vrai paria de la société chrétienne. Il n'y avait aucun autre groupe social au-dessous de lui » [19].

*
**

Au ghetto occidental, médiéval s'oppose le ***Shtetl.*** Le mot est yiddish. C'est une déformation du mot allemand ***Staat*** qui signifie l' « état » ou ***Stadt*** qui veut dire, la « ville ».

Le shtetl est un « petit état », une « petite ville ». Entre l'Elbe et le Dienstr, la Baltique et la mer Noire, beaucoup de juifs séjournaient aussi dans les grandes et moyennes villes. Mais, même nombreux, ils n'étaient jamais la majorité.

Le ***shtetl*** ou bourgade polono-russe était proche de la nature. La plaine et la montagne, la forêt, la rivière et l'étang se trouvaient à ses portes.

Le juif du ***shtetl*** longeait les terres à blé et les terres à seigle, bénissait la nouvelle vie dans les clairières. Quand il quittait sa maison, il était dans les champs. Sa maison n'était pas cernée comme dans le ghetto par les maisons serrées, les tours et les remparts de la cité chrétienne et hostile.

Point essentiel, les juifs étaient majoritaires dans le ***shtetl.*** C'était en fait un territoire juif autonome, administré par les juifs et à peu près entièrement libéré de l'angoissant problème des rapports avec l'entourage chrétien.

C'est vrai, il y avait toujours, non loin de là, un Seigneur polonais, tyran local ou régional. Mais, ceci n'avait rien d'exceptionnel car toute la société était fondée sur des rapports de sujétion qui ne concernaient pas seulement les juifs. Mieux, les juifs des communautés polonaises étaient considérés par les seigneurs locaux comme au-dessus de la multitude illettrée et à moitié sauvage des paysans slaves, serfs ou même déjà émancipés.

Les conséquences de l'autonomie du ***shtetl*** sont nombreuses. Sur un plan économique et professionnel tout d'abord, l'éventail des activités était bien plus vaste que dans les ghettos occidentaux. On y trouvait beaucoup d'artisans : forgerons, tailleurs, cordonniers, ébénistes, et l'ensemble des métiers de l'alimentation. Il y avait aussi des charretiers juifs. Ces voituriers guidaient des chars à bancs qui faisaient office de diligence.

Sur un plan psychologique ensuite, l'autonomie du ***shtetl*** a permis la réalisation de l'affirmation de la personne humaine, la dignité, l'estime individuelle et collective. Le juif du ***shtetl*** n'avait pas de murs intérieurs qui lui bouchaient l'horizon.

15. Les massacres de 1548-1658

L'Expulsion des juifs d'Espagne en 1492 fut ressentie par le peuple juif comme une des crises les plus graves de son histoire après la chute du deuxième temple, en l'an 70. Nous avons montré que la nouvelle Cabale de Louria, d'une certaine façon, donnait l'explication et le sens de l'Exil.

L'année 1648 fut attendue avec impatience par de nombreux adeptes de la nouvelle Cabale car ils y voyaient l'année de la rédemption finale. Contrairement à cette attente, l'an 1648, en hébreu l'an 408 (Tah), fut celui d'une autre grande catastrophe du peuple juif.

« A cette époque, les juifs polonais étaient surtout employés pour l'administration des colonies nouvellement fondées près du bas Dniepr et sur la rive septentrionale de la mer Noire, dans le voisinage des Tartares de la Crimée.

Les membres de ces colonies, serfs échappés, forçats,

paysans, aventuriers de toutes sortes formèrent les premiers éléments de la tribu des Cosaques appelés Zaporogues. Obligés, au commencement, de vivre de pillage et de rapines, ils devinrent d'excellents guerriers.

Comme les rois les employaient souvent contre les incursions des Tartares et des Turcs, ils leur accordèrent une certaine autonomie dans l'Ukraine et la Petite-Russie et placèrent à leur tête un hetman (chef).

La plupart de ces Cosaques étaient sectateurs du rite grec. Entraînés par leur ardeur de prosélytisme, les Jésuites résolurent de les rattacher à l'Eglise romaine ou de les exterminer. Pour atteindre leur but, ils eurent recours à tout un système de vexations et d'oppression. Presque toutes les colonies de l'Ukraine et de la Petite-Russie appartenaient alors à trois familles nobles : les Koniecpolski, les Wischniowiecki et les Potocki. Ces familles avaient confié à des fermiers juifs la charge de faire rentrer les impôts. Pour chaque nouveau-né, pour chaque mariage, les Cosaques étaient tenus de payer une taxe. Afin d'empêcher toute fraude, les fermiers juifs détenaient les clefs des églises grecques, de sorte que le prêtre ne pouvait procéder ni à un baptême ni à un mariage sans leur autorisation. Celle-ci n'était naturellement accordée qu'après le paiement de la taxe. Tout l'odieux de ces vexations, imposées par les propriétaires polonais, retombait sur les juifs qui s'attirèrent ainsi la haine des Cosaques.

Les magnats voulaient réduire ces Cosaques en serfs, les Jésuites désiraient les transformer en catholiques romains. Etant en rapports plus fréquents avec les juifs, les Cosaques les haïssaient plus que leurs oppresseurs. Les juifs auraient pu reconnaître, à des signes manifestes, qu'ils seraient les premières victimes dans le cas où les

Cosaques se révolteraient. Lors d'un très court soulèvement des Zaporogues, sous la conduite de leur hetman Pawliuk (vers 1638), deux cents juifs furent tués et plusieurs synagogues furent détruites. Ils persistèrent pourtant dans leur conduite imprudente, en 1648, ils attendaient le Messie, selon la promesse contenue dans le Zohar, et l'espoir de la prochaine délivrance les rendait encore plus sévères pour les Cosaques.

Ils apprirent tout à coup avec effroi la rébellion des Cosaques soulevés à la voix de l'hetman Bogdan Chmielnicki. Vaillant guerrier et habile stratège, Chmielnicki était en même temps cruel et perfide. Les juifs l'avaient profondément blessé alors qu'il occupait encore une situation subalterne. Aussi disait-il aux Cosaques dès le début de la révolte : « Le peuple polonais nous a livrés comme esclaves à ces maudits juifs », et ces mots suffirent pour exciter les rebelles à tous les crimes. Les Zaporogues, alliés aux Tartares, battirent une première fois l'armée polonaise (1648). Après cette victoire, ils envahirent les villes situées à l'est du Dniépr, entre Kiew et Poltava, pillant et massacrant les juifs qui n'avaient pas cherché leur salut dans la fuite. Plusieurs milliers périrent ainsi. Le sort de ceux que les Tartares firent prisonniers fut plus heureux ; ils furent transportés en Crimée et rachetés par leurs coreligionnaires turcs. Pour échapper à la mort, quatre communautés juives, comptant environ trois mille âmes, se livrèrent aux Tartares avec leurs biens. Ces juifs furent aussi envoyés en Turquie et rachetés. Afin de réunir les sommes nécessaires au rachat de tous ces prisonniers, la communauté de Constantinople envoya un délégué en Hollande pour y recueillir des subsides.

Pendant le règne de Ladislas VII (1632-1648), Chmielnicki après ses premiers succès, parut disposé à traiter avec ce souverain. Malheureusement, Ladislas mourut et, comme toujours durant l'interrègne (mai-octobre 1648), la Pologne resta livrée à l'anarchie. Chmielnicki en profita pour faire dévaster les provinces polonaises par ses lieutenants. Il se forma de vraies bandes d'assassins nommées ***haidamaks*** (partisans) qui accomplirent d'épouvantables tueries parmi les Polonais et les Juifs. Morosenko, l'un des chefs, qui faisait étrangler les femmes catholiques et juives avec des lanières de cuir, disait en raillant qu'il « les ornait de colliers rouges ».

Un autre chef, Ganja, quelques semaines après la victoire des Cosaques, marcha contre la forteresse de Nemirov où se trouvaient 6000 juifs. Ceux-ci, attaqués par les Cosaques du dehors et par les catholiques grecs de la ville, furent presque tous égorgés. A Toulchin, il y avait 6000 chrétiens et environ 2000 juifs. Parmi ces derniers, la plupart étaient décidés à vendre chèrement leur vie. Ils s'entendirent donc avec la noblesse, sous la foi du serment, pour défendre la ville jusqu'au dernier homme. Pour se rendre maîtres de la forteresse, les Cosaques usèrent d'un stratagème. Ils affirmèrent à la noblesse qu'ils n'en voulaient qu'aux juifs et qu'ils se retireraient dès que leurs ennemis leur auraient été livrés. Oubliant leur serment, les nobles ouvrirent aux rebelles les portes de la ville. Les juifs, placés dans l'alternative de se convertir ou de mourir, choisirent la mort ; près de 1 500 furent tués sous les yeux de la noblesse. Celle-ci ne tarda pas à subir le châtiment de son parjure. Privée du concours des juifs, elle fut attaquée à son tour par les Cosaques et massacrée. Cet événement eut au moins pour résultat de resserrer les liens entre les Polonais et les Juifs, et, pendant toute la durée de cette longue lutte, les deux alliés ne cessèrent de se prêter un appui réciproque. Dans le même temps, des haidamaks, conduits par Hodki, pénétrèrent dans la Petite-Russie et tuèrent de nombreux Juifs à Homel, à Starodoub, à Czernigov et dans d'autres villes situées à l'ouest et au nord de Kiew.

Le prince Jérémie Wischniowiecki, le seul personnage polonais qui se signala vraiment comme un héros dans toutes ces luttes, accueillit les Juifs au milieu de sa petite mais vaillante armée avec laquelle il poursuivait, sans relâche, les bandes cosaques. Mais, réduit à ses propres forces et écarté du commandement suprême par la jalousie, il dut se retirer devant le trop grand nombre d'ennemis. Sa retraite eut pour les Juifs les plus terribles conséquences. On rapporte que dans la forteresse de Polonoye, située entre Zaslav et Zytomir, les haidamaks, auxquels s'étaient joints les catholiques grecs de la ville, massacrèrent 10 000 Juifs. Par suite de la malheureuse issue de la deuxième guerre entre les Polonais et les Cosaques, il n'y eut plus de sécurité, même pour les Juifs éloignés des premiers champs de bataille. Ils ne pouvaient échapper à la fureur des Zaporogues qu'en passant la frontière de la Valachie. L'immense espace qui s'étend depuis le sud de l'Ukraine jusqu'à Lemberg en passant par Dubno et Brody, était semé de cadavres juifs. Dans la ville de Bar, on en tua de 2 000 à 3 000. Pas plus les Cosaques réguliers que les sauvages haidamaks ne faisaient de différence entre les rabbanites et les caraïtes ; ils massacraient tout, sans distinction. Aussi ne reste-t-il que de rares débris des quelques communautés caraïtes de Pologne. A Lemberg, beaucoup de rabbanites succombèrent à la faim et à la maladie, et la communauté dut remettre tous ses biens aux Cosaques pour prix de sa rançon. De Lemberg, Chmielnicki se rendit avec ses troupes à Zamosc pour se rapprocher de Varsovie et faire valoir son avis dans l'élection du roi.

A Narol, ils rencontrèrent sur leur chemin les Zaporogues qui accomplirent un épouvantable carnage (début novembre). On évalue le nombre des victimes à 45 000, dont 12 000 juifs. Les haidamaks se répandirent ensuite dans la Volhynie, la Podolie et la Russie occidentale, semant partout la ruine et la mort. Dans plusieurs villes, juifs et catholiques prirent les armes et réussirent à chasser ces bandes sanguinaires.

A la suite de l'élection du roi de Pologne, la lutte cessa quelque temps. Après avoir fait nommer son candidat, Jean-Casimir, primat de Gnesen, Chmielnicki se décida à abandonner la région où il avait accumulé tant de ruines ; il retourna en Ukraine. Les commissaires polonais le rejoignirent dans sa résidence pour traiter avec lui de la paix. Comme il exigeait qu'il n'y eût plus dans les provinces cosaques ni église catholique ni juifs et que les délégués polonais ne voulaient pas y souscrire, les pourparlers furent rompus (16 février 1649). Une troisième fois, la guerre recommença. Dans la rencontre qui eut lieu près de Sbaraz, l'armée polonaise était menacée d'une complète destruction quand le roi eut l'idée de s'adresser, pour la conclusion de la paix, au chef des Tartares (août 1649). Les conditions imposées ne différèrent pas beaucoup de celles qu'avait proposées Chmielnicki ; les juifs ne pouvaient plus habiter aucune localité importante du pays des Cosaques.

La paix signée, les fugitifs juifs retournèrent dans leurs demeures, là où il leur était permis de s'établir. Ceux qui s'étaient convertis par crainte de la mort furent autorisés par le roi Jean-Casimir à revenir publiquement au judaïsme. Plusieurs centaines d'enfants juifs, devenus orphelins et élevés dans le christianisme, furent également réintégrés dans leur ancienne religion. On essaya de déterminer à quelle famille ils appartenaient et on leur attacha au cou un petit rouleau indiquant leur généalogie pour qu'ils pussent éviter plus tard de contracter des mariages prohibés. Un synode de rabbins et de chefs de communautés se réunit à Lublin, dans l'hiver de l'année 1650, pour examiner par quelles mesures ils pourraient relever le judaïsme polonais et atténuer les effets désastreux de ces temps troublés. Des centaines de femmes juives ne savaient pas si leurs maris étaient morts ou s'ils erraient quelque part, dans l'est ou l'ouest, en Turquie ou en Allemagne, et, par conséquent, si elles pouvaient se remarier ou non. D'autres difficultés religieuses étaient encore à résoudre. On dit que le synode prit sur les différents points de très sages décisions. Sur la proposition de Schabataï Kohen ou, par abréviation, Schakh, les communautés polonaises établirent un jour de jeûne à la date où se produisit le premier massacre des Juifs de Nemirov (20 sivan).

La paix durait depuis un an et demi quand Chmielnicki reprit les armes et envahit de nouveau la Pologne avec les Zaporogues. Les premières victimes de la guerre furent encore une fois les juifs. Mais, comme leur nombre était alors bien diminué en Pologne et que, d'un autre côté, ces longues luttes les avaient habitués à se défendre vaillamment, les massacres furent bien moins considérables que dans les guerres précédentes. Du reste, la victoire ne resta pas fidèle aux Cosaques. Ceux-ci, après avoir appelé les Tartares à leur aide, furent abandonnés brusquement par leurs alliés qui emmenèrent Chmielnicki prisonnier. Les Cosaques furent obligés de traiter. Jean-Casimir et ses ministres stipulèrent que les juifs pourraient s'établir librement dans toute l'Ukraine et affermer des terres.

La paix conclue, Chmielnicki n'attendit qu'une occasion pour recommencer la lutte. Dès que son autorité, ébranlée par ses derniers échecs, fut de nouveau consolidée et qu'il eut comblé les vides faits dans son armée, il reprit les hostilités. Ne pouvant plus compter sur le concours des Tartares, il entraîna les Russes dans sa guerre contre la Pologne. Par suite de l'entrée en campagne des Russes (1654-1655), les communautés juives, établies dans l'ouest de la Pologne et en Lituanie, que les Cosaques avaient ménagées jusque-là, furent également atteintes par le fléau. Les juifs de Vilna disparurent tous, massacrés ou en fuite. Quand, l'année suivante (1656), les Suédois, sous la conduite du roi Charles X, se joignirent aux autres ennemis de la Pologne, de nouvelles régions furent envahies et, par conséquent, de nouvelles communautés juives, de Posen à Cracovie, eurent à endurer les plus grandes souffrances. Pillés, maltraités, tués par les diverses armées ennemies, cosaques, russes, suédoises, les Juifs ne furent même pas toujours épargnés par les Polonais. Le général Czarnicki les laissa massacrer par ses soldats sous prétexte qu'ils avaient des accointances avec les Suédois. Seul le prince-électeur de Brandebourg les traita avec équité. ***En ces dix années de guerre (1648-1658), plus de trois cents communautés furent détruites en Pologne et plus de 250 000 Juifs tués.*** Ceux qui restaient étaient appauvris et découragés, accomplissant les travaux les plus durs et les plus humiliants pour ne pas mourir de faim.

On revit à cette époque le lamentable spectacle qu'avaient présenté les juifs expulsés d'Espagne et du Portugal. Partout, on rencontrait des juifs polonais à l'aspect hâve et décharné, qui erraient à la recherche d'un asile. A l'ouest à travers la région de la Vistule, beaucoup de ces fugitifs arrivèrent à Hambourg, émigrèrent à Amsterdam ou furent expédiés à Francfort-sur-le-Mein et dans d'autres villes rhénanes. Du côté du sud, ils allèrent se réfugier en Moravie, en Bohême, en Autriche, en Hongrie et jusqu'en Italie. Ceux que les Tartares avaient faits prisonniers furent emmenés dans les provinces turques et envoyés en partie dans les Etats barbaresques. Dans toutes les villes, ils trouvèrent un accueil cordial auprès de leurs coreligionnaires qui s'empressaient de subvenir à tous leurs besoins. En Italie, les communautés s'imposèrent de lourds sacrifices pour les racheter et les secourir ; les membres aisés de la communauté de Livourne consacrèrent à cette œuvre de charité le quart de leurs revenus. Les juifs d'Allemagne et d'Autriche, presque ruinés par la guerre de Trente ans, réunirent également tous leurs efforts pour leur venir en aide »[20].

16. Quelles sont les conséquences des massacres de 1648-1658 ?

Si nous avons longuement insisté sur les massacres de 1648-1658, c'est parce qu'ils constituent dans l'histoire du peuple juif un événement fondamental — peut-être faudrait-il dire fondateur — du même ordre que l'expulsion des juifs d'Espagne en 1492, que la destruction du Temple de Jérusalem en l'an 70.

Pour une conscience contemporaine, il y a là quelque chose de comparable avec la « Shoa », l'extermination des juifs par les nazis.

Le judaïsme n'a pas produit d'historiographie. Il existe comme une certaine allergie à écrire les événements. Il n'y a pas ou très peu de livres d'histoire.

Pourtant, le judaïsme développe une conscience historique par l'intermédiaire du rituel qui devient porteur de la charge symbolique de l'histoire.

Ainsi, peut-on montrer qu'il existe des contre-secousses culturelles des événements fondateurs.

La sortie d'Egypte fut suivie du don de la Tora, la destruction du Temple donna lieu à la création du Talmud, l'expulsion d'Espagne fit voir le jour à la nouvelle Cabale de Safed.

On peut affirmer que les massacres de 1648-1658 furent d'une importance considérable dans la mesure où ils rendirent possible la venue de Shabataï Tsvi[21] et plus tardivement du hassidisme.

17. Le messie va-t-il enfin venir ?

Nous avons montré (question 12) que la figure du Messie dans la Cabale de Louria était collective. C'est le peuple dans son ensemble qui constitue le messie. Nous en avons souligné l'importance.

Cependant, dans une situation de catastrophe aussi profonde que les massacres de 1648-1658, les vieilles idées conservatrices d'un Messie personnel, c'est-à-dire, ici, incarné dans une personne, réapparurent et reprirent plus de forces.

La question que devaient se poser plusieurs centaines de milliers de personnes était certainement : « Le Messie va-t-il enfin venir ? ».

Nous retombons alors dans cette vision qui veut que le Messie inaugure la Rédemption alors que nous avions souligné que dans la nouvelle Cabale, c'était la Rédemption qui inaugurait la possibilité même du Messie.

Sept années après la fin des massacres, ***le Messie arriva...*** Il s'appelait Shabataï Tsvi.

18. Qui est Shabataï Tsvi ?

Shabataï Tsvi naquit à Smyrne le 9 Av — jour commémorant la destruction des premier et second Temples — en l'année 1626 (5386). C'était un samedi[22].

Shabataï Tsvi — Tsvi était son nom de famille — fut en fait un homme malade, affecté d'un grave déséquilibre mental, oscillant entre l'euphorie de l'extase et l'angoisse de la mélancolie et qui passa par des états maniaco-dépressifs successifs[23].

Il était très loin du type traditionnel de la figure du Messie. Il ne fut pas un conquérant faisant trembler les rois de ce monde. Il ne vint pas mener toutes choses à leur accomplissement. Il possédait une bonne éducation rabbinique, connaissait le Talmud et était très versé dans la Cabale, en particulier celle de Louria.

On peut se demander alors ce qui le fit considérer comme un personnage particulier? Sa biographie nous apprend que lors des moments d'exaltation religieuse, il en vint à commettre des actes étranges consistant à enfreindre la Loi. De plus, il prenait plaisir à ces infractions, se livrant à des manifestations excentriques, déclarant qu'il s'agissait de cérémonies religieuses ayant un sens particulier.

Certainement un sens mystique de l'ordre du ***Tiqoun.*** Mais l'idée d'un « saint trangresseur », un « saint pêcheur » n'était pas une donnée messianique portée par la tradition juive.

De ce fait, ces actes mystico-extatiques de transgression

ne lui permirent pas de s'attacher des disciples. De sa première apparition à Smyrne en 1648 jusqu'à sa proclamation comme Messie à Gaza en 1665, il n'eut pratiquement pas un seul disciple pour le considérer comme Messie. On riait de lui ; on le déclarait fou ou bien, on se moquait de lui. Personne ne se souciait de lui quand il rencontra, dans des circonstances particulières, un jeune rabbin sorti des écoles talmudiques de Jérusalem et établi à Gaza.

Nathan de Gaza avait étudié assidûment le Talmud et la mystique de la Cabale de son époque. Il possédait une remarquable puissance d'imagination.

En mars 1665, il eut une vision dans laquelle Shabataï Tsvi, qu'il avait dû rencontrer souvent dans les rues de Jérusalem, lui apparut comme Messie. Nathan convainquit cet homme beaucoup plus âgé que lui, déchiré par le doute et luttant contre les démons, que sa mission était légitime. Promu prophète du Messie, Nathan donna de sa personne, se dépensa en de multiples activités et provoqua un sursaut général de messianisme. Aux yeux des Juifs de la diaspora, un prophète devait précisément venir confirmer la mission du Messie. Nathan de Gaza fut reçu comme étant ce prophète.

19. Shabataï Tsvi fut-il accepté comme messie ?

En un temps très court, le mouvement gagna la communauté juive du Yémen et s'étendit de la Perse à l'Angleterre, la Hollande, la Russie et la Pologne. Il se produisit ce que les gardiens de la tradition n'avaient guère prévu mais qui, pour l'historien, apparaît tout à fait compréhensible. Quand l'attente de l'inauguration des temps messianiques est précédée d'une expérience affective de ceux-ci, elle peut se manifester soudain à la conscience dans les milieux étendus avec une telle force qu'elle peut survivre à l'événement lui-même. Car la déception était inéluctable au plan de l'événement. Il devait nécessairement apparaître un contraste entre l'événement historique et l'expérience religieuse, qui était d'un caractère tout différent. La vague d'enthousiasme qui balaya les communautés juives pendant une année entière créa un mouvement spirituel que n'avaient pas prévu les rabbins et qui n'avait pas été envisagé dans les ouvrages anciens.

Si le mouvement a eu cet écho considérable, c'est qu'il venait de Palestine. C'est là que le prophète de Gaza reconnut dans le cabbaliste Shabataï Tsvi, qui était monté de Smyrne à Jérusalem, le Messie. Avant ce moment, personne n'avait pris au sérieux les prétentions messianiques de Shabataï Tsvi, qu'il n'avait d'ailleurs exprimées que de façon intermittente. Mais ***Nathan de Gaza*** fut convaincu, lors de ses propres extases, de la légitimité des prétentions de Shabataï Tsvi. Au long d'une année très agitée, d'octobre 1665 à novembre 1666, un nombre considérable de personnes donnèrent leur adhésion à ce mouvement messianique. Des facteurs multiples favorisèrent alors son développement. Il y eut un mouvement intense de pénitence, qui fut considéré comme une sorte d'assaut final pour faire approcher le temps de la rédemption messianique. Il y eut une attente apocalyptique vive, toute nourrie des anciens textes et des anciennes traditions, mais qui perdit son caractère littéraire et abstrait pour prendre soudain une forme critique. Cela remit dans la mémoire des juifs les avertissements contenus dans ces anciens textes. Les attitudes dilatoires habituelles se modifièrent lorsque l'annonce passionnée que la rédemption était proche prit le caractère d'un mouvement de masse. L'émotion des foules accéléra ce qui était annoncé pour des temps à venir et l'attribua au lendemain. Pour beaucoup d'hommes, la consommation de la rédemption messianique devint une réalité d'ordre intérieur alors même qu'elle n'était pas encore devenue une réalité historique. Il est évident qu'une crise devait se produire le jour où l'on viendrait à constater que cet événement historique annoncé ne se produirait pas.

La personnalité de ***Shabataï Tsvi*** a exercé une fascination extraordinaire, même si l'on fait la part de l'aura de merveilleux et de légende dont il fut bientôt entouré du fait de l'espérance et de la crédulité des foules. Aux yeux de ses disciples les plus proches, il fut certainement un ascète et un mystique. Dans ses moments d'extase, d'euphorie ou d'enthousiasme, il comprit sa vocation personnelle comme l'appelant à ***transgresser la loi religieuse*** et à présenter comme modèle du judaïsme le type, jusque-là absolument exceptionnel, du « saint pêcheur ». On rencontre chez lui à la fois la vision utopique d'un judaïsme renouvelé, sous cette forme anarchique qui fut toujours le propre du messianisme, et une propension déclarée à accomplir des rites bizarres et grotesques qui reprenaient certaines données de la tradition juive comme par exemple certains rites de fêtes, mais en inversant leur sens. Shabataï Tsvi accomplit tous ces actes en revendiquant une autorité messianique nouvelle qui devait supplanter l'autorité pondérée et traditionnelle de la Halakha rabbinique.

L'effervescence atteignit un point culminant quand, au début de 1666, le Messie arriva à Constantinople, où ses partisans l'attendaient pour retirer la couronne de la tête du sultan et inaugurer la nouvelle ère messianique. On comprend alors pourquoi certains livres hébraïques parus à cette date furent marqués de ce sceau : « première année du renouveau de la prophétie et du Royaume ». Les autorités turques arrêtèrent le prétendant messianique au trône mais, à la surprise générale, elles ne le mirent pas à mort. Elles le gardèrent prisonnier près de Gallipoli jusqu'en septembre 1666. Là, bien que prisonnier de l'Etat, il obtint l'autorisation, sans doute en soudoyant quelques fonctionnaires, de tenir sa cour. Il reçut alors de tous les pays des délégations qui l'assurèrent du soutien et de l'adhésion des communautés, en particulier des délégations des centres les plus importants et les plus influents du monde juif.

Ces événements incroyables produisirent une impression profonde sur les fidèles. Le jour du ***jeûne du 9 Ab,*** qui commémore la destruction du Temple, fut déclaré par édit messianique jour officiel de naissance du Messie et proclamé fête joyeuse. L'enthousiasme ne connut plus de bornes, en particulier au sein du judaïsme turc.

20. Shabataï Tsvi amena-t-il la rédemption ?

C'est en pleine apogée du mouvement que se produisit la catastrophe :

En septembre 1666, Shabataï Tsvi fut conduit devant le sultan à Andrinople et placé devant le choix suivant : ou maintenir ses prétentions messianiques et souffrir le martyre ou se convertir à l'Islam. Il préféra apostasier le judaïsme.

On perçoit la force et la profondeur de ce mouvement messianique si l'on remarque que cet acte d'***apostasie du***

judaïsme et de ***conversion à l'Islam*** — l'acte le plus scandaleux qui se puisse imaginer pour un juif fidèle — ne conduisit pas immédiatement, comme on aurait pu le penser, à l'effondrement des espoirs suscités. Les autres mouvements messianiques qui se sont produits dans le judaïsme au cours de l'histoire se sont effondrés dans la déception laissée par les événements et n'ont laissé aucune trace dans la conscience des chroniqueurs. Mais ici le pouvoir de transformation de ce mouvement messianique fut si fort que des groupes importants en vinrent à admettre ce geste totalement sans précédent du Messie, geste dont pourtant on n'avait jamais entendu parler en lisant les Ecrits anciens mais qu'on pensa quand même pouvoir justifier à partir de ces Ecrits.

21. Quelles furent les conséquences théologiques de la conversion à l'Islam ?

Le désarroi des croyants fut indescriptible. L'émotion avait été trop vive et s'était trop profondément gravée dans les cœurs pour que le mouvement pût s'éteindre dans un simple sentiment de déception. D'importants groupes de disciples résolurent de suivre Shabataï Tsvi, sans quitter pour autant le judaïsme.

Les « croyants » — c'est ainsi que les disciples de Shabataï Tsvi se désignaient eux-mêmes — se mirent à relire les ouvrages et les documents anciens de la tradition.

Pour les théologiens — il vaudrait mieux dire les idéologues — du mouvement shabataïste, toutes les pages des livres anciens ne parlèrent plus de rien d'autre que de la ***nécessaire apostasie du Messie*** et de l'accomplissement de sa mission sous la figure d'un passage ou d'une descente dans les bas-fonds des Nations. Ils pensaient que les étincelles de sainteté qui sont dispersées parmi les peuples doivent être ramenées à leur origine et que toute chose doit revenir en son lieu propre pour que la rédemption soit accomplie.

Nathan de Gaza, qui avait une capacité remarquable de réinterprétation des anciens textes, fut le premier à concevoir une théorie nouvelle appelée à un avenir considérable. Selon cette théorie, la rédemption messianique d'Israël de son exil doit, pour parvenir à sa consommation, suivre une dialectique tragique. Le Messie doit parcourir lui-même toutes les nations pour accomplir sa mission mystique qui est de ***libérer*** et de faire « ***élever*** » ***les étincelles de sainteté*** et les âmes saintes. Pour accomplir cette mission, il ne pouvait donc se contenter de rester dans un monde de sainteté ; il ne suffisait pas même de faire sortir les étincelles de sainteté du monde de l'impureté : pour accomplir sa mission, il a fallu qu'il pénètre dans ce monde même. Ainsi s'explique que le Messie soit maintenant dans une sorte d'exil et que, pour ainsi dire, il se soit affranchi de ses racines saintes et se soit exilé lui-même de celles-ci afin d'accomplir la rédemption.

Cette théorie de Nathan de Gaza constitue une variante juive tout à fait inédite, et même hérétique, de la notion antique de Descente aux enfers. ***L'apostasie du Messie devient un acte nécessaire pour l'accomplissement de sa mission mystique, en même temps qu'historique.*** Pour Nathan de Gaza, le Messie n'est pas devenu turc ; il est en fait resté juif. Seulement, à partir de sa conversion, il s'est mis à vivre à deux niveaux, un niveau exotérique et un niveau ésotérique et, jusqu'à son retour dans la splendeur du règne messianique, ces deux niveaux demeureront en contradiction l'un avec l'autre.

Cette théorie s'adaptait remarquablement à l'attitude qui avait été celle de Shabataï Tsvi. Sa ***double vie*** comme ***musulman*** et comme ***juif*** avait été acceptée pendant un certain nombre d'années par le gouvernement turc qui, au tout début, avait espéré beaucoup de ce converti de marque. Tout comme avant, les shabataïstes « croyants » continuèrent donc après la conversion du Messie de se rendre en pèlerinage à Andrinople et l'hérésie messianique exprimée dans les thèses ci-dessus se répandit rapidement par une série d'ouvrages qui circulèrent en manuscrits. Une sorte de mouvement souterrain du messianisme juif commença, malgré l'opposition compréhensible et parfois la persécution des autorités rabbiniques officielles, et il atteignit bientôt de larges milieux et de nombreuses régions de la diaspora.

Quand Shabataï Tsvi, après un exil en Albanie, mourut à l'automne de 1676 à Dulcigno (Ulcinj), cette mort elle-même ne changea rien au cours des événements : le Messie, déclarait-on n'était pas vraiment « mort », il s'était « engagé dans un processus d'occultation ». La doctrine de la réincarnation, qui était commune chez les cabalistes, permettait fort bien d'imaginer que le Messie était apparu sous différentes formes successives depuis Adam jusqu'au Messie tout récent. Au XIXe siècle, les Dunmeh comptaient ainsi dix-huit réincarnations de l'âme d'Adam et du Messie au cours de l'histoire.

22. D'autres juifs se convertirent-ils à l'Islam ?

Il y eut deux réactions différentes parmi les adeptes de Shabataï Tsvi.

Les « modérés » considérèrent que la conversion et la « descente aux enfers » étaient le rôle du Messie, de lui seul. Pour eux, tant que les dernières étincelles divines ***(nitzotzot)*** de sainteté et de bonté, tombées lors du péché primordial d'Adam dans le domaine impur des ***qlipot*** (c'est-à-dire, les forces matérielles du mal), ne sont ni rassemblées ni ramenées à leur source, la rédemption ne sera pas arrivée à son terme. Telle est donc l'œuvre qui a été laissée au Rédempteur, le plus saint de tous les hommes ; il doit accomplir ce que les âmes les plus justes du passé n'ont elles-mêmes pas été capables de faire ; ***il doit descendre par les portes de l'impureté dans le domaine des qlipot et sauver les étincelles divines qui s'y trouvent encore emprisonnées.*** Dès que cette tâche aura été accomplie, le Royaume du Mal s'effondrera de lui-même, car celui-ci ne peut tenir debout que grâce aux étincelles divines qui sont en son sein. Le Messie est forcé de commettre des « actes étranges » (***maasim zarim :*** notion qui jouera par la suite un rôle central dans la théologie shabataïste). Et parmi ces actes, son apostasie est le plus éclatant. Ces actes sont nécessaires pour l'accomplissement de sa mission.

Cette interprétation donna naissance à une attitude secrète qui, vue de l'extérieur, pourrait paraître strictement rabbinique, mais vue de l'intérieur, était proprement shabataïste, c'est-à-dire d'un point de vue juif, hérétique.

La seconde réaction fut celle des « radicaux ». Ils se posèrent les questions suivantes :

— Pouvait-on abandonner le Messie à son sort au moment précis où il s'était engagé dans la phase la plus âpre de son combat avec le pouvoir du démon ?

— Si tous avaient fait l'expérience de l'étincelle de la rédemption, pourquoi donc cette expérience de tous serait-elle différente de celle du Rédempteur ? Comment expliquer qu'on ne doive pas se porter à son aide ?

Un cri se fit bientôt entendre : trahissons nous-mêmes comme il l'a fait ! Descendons avec lui dans l'abîme avant que ses portes soient closes de nouveau ! Jetons-nous à plein, avec la puissance de la sainteté, dans la gueule de l'impureté, jusqu'à ce qu'elle en craque de l'intérieur !

Avec Shabataï Tsvi ils se convertirent à l'Islam. Le nombre de ces disciples « radicaux » s'éleva pendant sa vie à environ deux cents familles [25]. On constate donc que la majorité des shabataïstes restèrent juifs extérieurement malgré leur conviction dans la légitimité de la mission de Shabataï Tsvi.

23. Y a-t-il un rapport entre le shabataïsme et le marranisme ?

La nouvelle théorie des étincelles qui impliquait la conversion du Messie et des « croyants » radicaux est issue et fut rendue possible par l'existence d'une ***mentalité marrane.***

Rappelons que les marranes étaient les juifs espagnols convertis au christianisme qui pratiquaient extérieurement le culte catholique et intérieurement — et en cachette — le judaïsme.

Abraham Miguel Cardoso (1627-1706) qui appartenait à une famille marrane crypto-juive venue d'Espagne et qui était retourné officiellement au judaïsme à Venise en 1648, dit explicitement : « Il a été décrété que le Roi-Messie revêtirait des vêtements de marrane et se rendrait ainsi incognito au milieu de ses frères juifs. En un mot, il a été décrété qu'il se ferait marrane comme moi ».

Quand on sait que Cardoso fut l'un des prosélytes les plus actifs du mouvement shabataïste, on comprend l'enjeu et l'importance des paroles de cette phrase. Elles montrent de façon remarquable les motivations cachées et elles permettent de saisir presque tous les aspects du mouvement shabataïste. Sous-jacente à la pensée shabataïste dans sa nouveauté, il y a, avant tout, la *sensibilité religieuse et profondément paradoxale des marranes* et de leurs descendances qui constituaient une fraction importante du judaïsme sépharade. Si elle n'avait pas été conforme à la psychologie de ces hommes reconvertis au judaïsme, la nouvelle théologie n'aurait jamais trouvé le sol propice qui lui permit de fleurir comme elle le fit. ***Quelle qu'ait pu être la mentalité véritable de ses premiers propagateurs, la doctrine shabataïste du Messie était parfaitement adaptée aux besoins de la mentalité marrane.***

On peut ainsi affirmer que la psychologie des shabataïstes « radicaux » fut extrêmement paradoxale et « marrane ». Son principe directeur fut essentiellement le suivant : celui qui est réellement comme il est dans son apparence ne saurait être un véritable « croyant ». En pratique, cela signifie ceci :

La « vraie foi » ne peut pas être une foi que les hommes professent en public. Au contraire, la « vraie foi » doit toujours demeurer cachée. Chacun a le devoir de la nier extérieurement, car elle est comme une semence qui a été plantée dans le lit de l'âme et qui ne peut croître sans avoir d'abord été recouverte. ***Pour cette raison, tout juif est tenu de devenir un marrane.***

De même, un « acte vrai » ne peut pas être un acte accompli en public, aux yeux de tous. Comme la « vraie foi », l'« acte vrai » demeure caché, car c'est seulement en le cachant qu'on peut nier la fausseté de ce qui est explicité. Par un renversement des valeurs, ce qui auparavant était sacré devint profane et ce qui auparavant était profane devint sacré. Il ne suffit pas d'inventer de nouvelles méditations mystiques (*kavanot*) pour s'adapter au changement des temps. Il faut un nouveau type d'acte. Avant la venue du Rédempteur, l'intérieur et l'extérieur étaient en harmonie et il était possible de réaliser de grands ***tiqounim*** par l'observance extérieure des préceptes. Mais maintenant que le Rédempteur est venu, l'intérieur et l'extérieur sont en opposition : le précepte intérieur qui, seul, peut réaliser un ***tiqoun,*** est devenu synonyme de transgression extérieure. ***Bitoula chèl Tora zéhou qiyouma ;*** « la violation de la Tora est maintenant son véritable accomplissement ».

24. *Quel fut le destin du shabataïsme ?*

Nous pouvons récapituler ce que nous venons de dire et préciser certains détails.

Le shabataïsme prit une première forme, celle des « croyants » qui choisirent le « marranisme volontaire » sous la forme de l'Islam. Il s'agit de cette secte appelée Dunmeh (mot qui signifie « apostat » en turc).

La seconde forme fut celle des « croyants » dits modérés qui demeurèrent juifs traditionnels dans leur vie extérieure mais qui, intérieurement, adhéraient à la nouvelle Tora. Quelques groupes de personnes existèrent dans les Balkans et en Palestine. Au XVIIIe siècle, on trouve des ***maaminim***, c'est-à-dire des croyants dans le nord et l'est de l'Europe où ils furent concentrés, en particulier en Podolie et dans certaines villes voisines comme Buczacz, Busk, Gliniany, Horodenka, Zholkiew, Tysmenieca, Nadworna, Podhaice, Rohatyn et Satanow, mais aussi en d'autres pays, en particulier la Roumanie, la Hongrie et la Moravie.

Les shabataïstes restés juifs finirent par assurer la transition entre le déclin shabataïste et la naissance du hassidisme.

Il nous reste à aborder un dernier point, un dernier sursaut du shabataïsme avant d'aborder le hassidisme.

Il s'agit d'une des formes que prit le shabataïsme sous l'impulsion de Jacob Frank.

25. *Qui est Jacob Frank ?*

Jacob Frank (1725-1791) restera dans la mémoire des hommes comme le cas le plus effrayant de l'histoire du judaïsme. Que ç'ait été pour des raisons personnelles ou pour d'autres raisons, ce chef religieux se comporta dans tous ses actes comme un personnage absolument corrompu et dégénéré. On pourrait avancer évidemment que le mouvement shabataïste, poussant à bout son potentiel presque infini de contradiction et d'inattendu, devait rencontrer un jour sur son chemin justement une forte personnalité comme la sienne pour provoquer l'exinction de sa dernière flamme intérieure et pervertir les derniers désirs de vérité et de bonté animant encore les « croyants », au milieu des décombres de leurs âmes. Même si l'on admet que la doctrine du péché sacré, c'est-à-dire de la ***mitsva habaa baavera,*** ait pu par elle-même faire déjà de nombreux ravages, il est certain que ce fut une secousse bien plus profonde encore pour les « croyants » quand ils se trouvèrent en présence de la personne de Frank. Ils s'étaient déjà engagés sur ce terrain glissant où plus rien ne saurait être tenu pour impossible, aussi est-ce peut-être précisément ce qui les attira chez Frank. Car Frank fut un homme qui ne craignit pas de pousser toutes choses à l'extrême, prêt à faire les derniers pas vers l'abîme et à vider jusqu'à la lie la coupe de la désolation et de la destruction, jusqu'à ce que le dernier instinct de sainteté fût tourné en dérision. Ses admirateurs, qui étaient bien loin d'avoir ses capacités, étaient séduits par son audace, et comme ni la crainte de Dieu ni celle de l'enfer ne l'arrêtaient, ils en vinrent à voir en lui le type même du saint véritable, un nouveau Shabataï Tsvi, Dieu incarné.

Un grand nombre de partisans de Frank se convertirent avec lui au catholicisme ; c'était en 1759.

Cependant la plupart des frankistes restèrent juifs ; presque tous vivaient en Bohême et en Moravie et une grande majorité aussi en Hongrie et en Roumanie.

26. Qu'enseigne le frankisme ?

Frank fut un nihiliste, un nihiliste d'une rare authenticité. Il n'était pas un penseur spéculatif original. Mais il avait le don de trouver des formules bien frappées, des exemples éloquents et des images concrètes[26].

Ses aphorismes sont réunis dans un recueil intitulé « Les

Sentences du Seigneur » (écrit en polonais sous le titre *Sliwa Panskie*)[27].

Sa doctrine ne prêche que la désolation.

Pour ce nouveau prophète, il faut se libérer de toutes les lois, conventions et religions.

La voix authentique consiste à éliminer tout acte religieux et toute croyance positive.

« Je ne suis venu en ce monde que pour détruire et anéantir », disait-il.

Nous trouvons ici un élément essentiel que l'on retrouvera comme fondement dans le hassidisme.

« Pour monter, il faut d'abord descendre », disait-il.

« Nul ne peut gravir une montagne sans s'être trouvé d'abord à son pied. Nous devons descendre jusqu'au niveau le plus bas si nous voulons faire l'ascension de l'infini. Tel est le principe mystique de l'Echelle de Jacob que j'ai vue et qui a la forme d'un V »[28].

« Je ne suis pas venu dans ce monde pour votre élévation, mais pour vous précipiter dans l'abîme. On ne saurait descendre plus bas. On ne peut remonter de là par ses seules forces, car seul le Seigneur peut nous tirer de telles profondeurs par le pouvoir de son bras. »

L'homme ne sera vraiment libre que lorsqu'il sera capable de mener une vie anarchique.

« Dans le lieu où nous allons, il n'y aura plus de lois, car celles-ci sont nées de la Mort et nous sommes liés à la Vie ».

Plus original encore.

Le Messie sera une femme : « Une belle jeune fille sans yeux ».

Il y a aussi chez Frank un « devoir de silence », c'est-à-dire l'obligation de demeurer toujours d'une grande discrétion sur le fait qu'on est devenu « croyant ». Nous trouvons ici une nouvelle version du précepte shabataïste primitif, celui de ne pas paraître tel que l'on est réellement. Nous rencontrons ici aussi l'aspect marrane que nous avons rencontré chez les shabataïstes. La conversion de Jacob Frank en 1759 est une autre version de la descente en enfer pour la recherche des étincelles.

On peut cependant souligner comme le fait Sholem, le côté positif du nihilisme de Frank et de ses adeptes.

Dans la mesure où des partisans de Frank restaient eux aussi dans la communauté juive et y exerçaient une influence, ils posaient, par leur conduite même, la question de l'impossible continuité de la communauté juive conservatrice, de type médiéval, non seulement trop violemment anachronique par rapport à l'évolution de l'extérieur, mais qui s'acheminait aussi à la brisure de l'intérieur.

Ainsi peut-on dire avec Mandel[30] que les Frankistes étaient simplement les révolutionnaires du milieu juif et représentaient davantage l'avant-garde de ce que fut par là le judaïsme dit émancipé que la continuité de la nouvelle Cabale de Safed, via l'hérésie shabataïste et ses nombreuses déviations.

C'est à la même époque que surgit le hassidisme.

27. Qui est le fondateur du hassidisme ?

Au moment où l'imagination juive fut près de s'épuiser, lorsque l'esprit, dans ses recherches des impossibles possibilités de la loi talmudique se trouva dans une impasse, alors que les cœurs et les corps étaient encore traversés par la souffrance de 1648 et que le vent de folie messianique du shabataïsme et du frankisme soufflait encore, un miracle se produisit. « Que la lumière soit » et la lumière fut : ***Rabbi Israël, fils d'Eliezer,*** dit le ***Baal Chem Tov,*** le « Maître du bon nom » entra dans la scène de l'histoire. Le hassidisme moderne inaugurait sa grande marche.

28. Qui est Rabbi Israël, fils d'Eliezer, surnommé le Baal Chem Tov ?

Sur le plan de l'histoire, le personnage demeure imprécis, nébuleux. On ne peut rien affirmer à son sujet avec certitude. Ceux qui prétendent l'avoir connu, approché ou aimé, sont incapables d'en parler autrement qu'en poètes. Ils le décrivent comme un rêve.

Le ***Baal Chem Tov*** est entre le mythe et le réel, entre la fiction, la fabulation et le vécu. Il n'a laissé aucun élément autobiographique valable. « Obsédé par l'éternité, il négligea l'histoire et se laissa porter par la légende »[31].

On retient, en dehors de cette légende, quelques dates, quelques faits qui ont une tonalité historique, mais peut-être pas plus. Certains le font naître en 1690, d'autres en 1700. Tous s'accordent sur l'année de sa mort : en 1760.

Il naît de parents âgés et pauvres à Okop, une petite ville de Podolie. Très tôt orphelin, il s'assura une maigre subsistance comme aide-instituteur. La tradition hassidique veut qu'à l'âge de vingt ans, il se soit retiré dans la solitude des Carpates pour vaquer à des exercices spirituels et à la préparation de sa vocation. Il vécut ainsi plusieurs années en creusant la terre pour en extraire l'argile que sa femme vendait à la ville.

A trente-six ans, il réapparut comme maître spirituel.

Plus tard, il s'installa à Medjiboj, une autre petite ville de Podolie.

C'est là qu'il mourut en 1760.

29. *Qu'est-ce qu'un « Baal Chem » ? « Les justes errants »*

Il ne faut pas cependant croire, comme le laisse supposer la légende, que le BECHT (abréviation de Baal Chem Tov, il faudrait en fait dire le Bacht) vient de nulle part. L'Europe de l'Est de cette époque était parcourue par un ensemble de personnages mi-clochards, mi-sages, thaumaturges, rebouteux, prédicateurs.

Cette « intelligentsia errante » comme la nomme Josef Weiss[33] mena un rôle déterminant dans la propagation du mouvement shabataïste. Ils eurent la fonction de relais et de transmetteurs, faisant circuler les nouvelles idées plus vite que n'importe quelle publication. Ils avaient des points de chute dans toutes les bourgades. Ils avaient une prédisposition particulière à l'accueil des nouvelles de caractères révolutionnaires qui pouvaient renverser l'ordre établi.

Le ***Baal Chem Tov*** faisait partie de cette intelligentsia souterraine. L'expression désigne les médecins, les magiciens populaires qui circulaient de village en village pour vendre remèdes et amulettes. Les médicaments étaient essentiellement à base de plantes médicinales. Mais précisons que le terme de ***Baal Chem*** était méprisant même à l'intérieur de cette confrérie bohême ; c'était un des niveaux les plus bas, sans rapport avec l'importance d'un prédicateur par exemple.

Dans cette période prédomine la figure du ***Tsadiq noded,*** du « juste errant ».

La stabilisation, l'émergence du ***Tsadiq yochev,*** du « juste installé » se rencontrera dès la première génération des élèves du Becht.

L'expression ***Baal Chem Tov,*** vient indiquer que Rabbi Eliezer n'était pas un simple vendeur d'amulettes. La tradition hassidique nous transmet une explication poétique, après coup bien sûr.

Lorsqu'il apparut en Europe orientale, la communauté se trouvait malade, triste et, par suite de l'étrange épilogue de l'exaltation shabataïste, consumée d'angoisse. Dans l'oppression et la persécution, le peuple défaillait, une sorte de panique, d'agonie l'enveloppait.

Lorsqu'un homme est en perdition et est sur le point de mourir, il faut lui dit-on, lui souffler à l'oreille son nom, car le nom a le pouvoir de rappeler quelqu'un à la vie. Dans cette situation difficile du judaïsme, le Baal Chem Tov appela le peuple juif par son nom « Cœur juif » ***lev yehoudi,*** et les juifs reprirent vie. On vit briller sur leur tête la lumière du Messie.

Quoi qu'il en soit, le ***Becht*** faisait partie de cette confrérie bohême, toujours en voyage, toujours porteuse d'une nouvelle et bonne parole.

Ces voyageurs expliquaient ainsi en partie la nécessité de leur voyage : *il s'agissait de rassembler les étincelles de sainteté éparpillées à travers le monde.* Nous commençons à entrevoir ici le lien entre la Cabale de Louria, le Shabataïsme et le Hassidisme. On pourrait le nommer : « Voyages d'une étincelle ».

Le monde des « prédicateurs errants » auquel appartient Rabbi Eliezer se trouvait dans un domaine d'influence des idées shabataïstes. Il n'y a aucun doute à ce sujet, cela a son importance pour saisir la naissance du hassidisme.

30. Qu'est-ce qui détermina la naissance du hassidisme ?

Redisons-le, le ***Baal chem tov*** ne surgit pas comme par miracle. Les recherches historiques permettent de mieux comprendre le processus de naissance de cette nouvelle voie dans la vie du judaïsme.

Weiss est le seul à en faire l'analyse précise. Voici son interprétation.

Les différents maîtres-bohêmes qui parcouraient le pays pour prêcher, apporter de nouvelles paroles et transformer le peuple avec une volonté réelle de le faire se rendaient compte que le message ne passait pas, ou plutôt ne passait plus. On peut radicalement parler d'une crise et d'un échec au sein de cette confrérie de pasteurs. Ces maîtres du verbe se mirent alors à réfléchir aux raisons de leur échec, de cette crise qu'ils ont l'honnêteté de reconnaître réelle. Le monde de cette *intelligentsia d'opposition,* anti-rabbinique, anti-hiérarchique, anti-institutionnelle était en crise.

A qui la faute ?

Pour Rabbi Nahman Horodenka, c'est le peuple qui était devenu incapable d'entendre et qui empêchait ainsi la parole de transformation de pénétrer dans le cœur des hommes et il donne l'image de Moïse qui a des difficultés à parler. Non pas de sa faute, mais de celle du peuple. Il fallait trouver une solution à cette crise !

C'est maintenant que l'on va voir apparaître toute l'originalité du hassidisme qui inaugure sa naissance.

Si les hommes ne sont plus capables d'entendre et de se transformer, la transformation se fera sans eux, malgré eux. Le Maître qui a une conscience aiguë de la nécessité du changement, va inaugurer un ensemble de pratiques « magiques » qui opèreront le ***Tiqoun.*** Ce Maître va avoir un nom dans l'histoire du hassidisme, celui de ***Tsadiq.***

31. Qu'est-ce qu'un Tsadiq ?

Il nous semble que la mission du ***Tsadiq*** est le paramètre fondamental de la naissance du hassidisme. D'autres concepts se créeront et prendront de l'importance dans la vie de tous les jours, comme la joie, la danse, le chant, etc. Mais tout commença avec le ***Tsadiq.***

Sur ce point, nous sommes avec Josef Weiss[33] qui déjà contre Sholem faisait porter l'édifice du hassidisme sur « la contemplation » et la « mission du Tsadiq » ***deveqout*** *et* ***chelihout hatsadiq.*** Pour nous, la mission du ***Tsadiq***, est au départ fondamentale.

Le hassidisme tardif nous a fait connaître cette dialectique du ***Tsadiq*** et du ***hassid.*** Du maître et du disciple, et des disciples. On a tous en tête cette image d'un Maître entouré par sa cour. Certains iront jusqu'à parler pour cette période de décadence du hassidisme[26].

Nous n'en sommes pas encore là. Dans la première période, celle du hassidisme primitif, il y a un Tsadiq sans hassid.

Le ***Tsadiq*** signifie en hébreu le « juste ». Le ***Tsadiq*** hassidique est une figure mixte qui tient à la fois du prédicateur errant et du révolutionnaire shabataïste.

Cette seconde origine du ***Tsadiq*** qui a exercé une formidable action n'est jamais mentionnée explicitement dans les écrits hassidiques.

Tout comme Shabataï Tsvi, le ***Tsadiq*** doit descendre

inéluctablement dans le domaine du mal. La descente du juste est sa mission. Elle sera décrite dans les textes hassidiques par les mêmes paraboles qu'utilisaient les théologiens shabataïstes pour expliquer l'apostasie mystique. Ainsi la voie du juste est semée d'embûches dangereuses et conduit dans des abîmes. Ces passes dangereuses sont incontournables et elles font réellement partie de sa condition.

« Vivre dangereusement » est l'exigence qui confère au ***Tsadiq*** son trait le plus saillant[37].

32. Que signifie la « descente du Tsadiq » ?

L'expression « descente de Tsadiq » en hébreu ***yeridat hatsadiq*** est la grande aventure sans laquelle il ne saurait remplir sa mission. La « descente » est une condition sine qua non de la montée, selon l'expression devenue classique ***yerida letsorekh aliya.*** Nous avons montré dans les paragraphes précédents l'histoire de ce concept qui passe par une version shabataïste et frankiste. On comprend dès lors la peur et le rejet qu'ont pu provoquer les premiers hassidim dans l'exposition d'une théorie aussi osée, voire hérétique.

Nous allons essayer de montrer que ce concept hassidique de la « descente » est une mutation du concept shabataïste de « la rédemption par le péché ».

Il y a deux versions de la « descente ». La première, modérée, consiste à dire que le juste se doit de vivre parmi la communauté, sa communauté. Le juste est un envoyé auprès du peuple. Il doit rester auprès des hommes simples et même de ceux dont le cœur est mauvais. Le contact avec le réel quotidien et l'impureté prend dans cette version modérée une signification sociale inédite.

La communauté n'est pas composée seulement d'hommes exceptionnels ou de mystiques ou d'hommes d'études, mais aussi de gens simples, croyants, naïfs mais sincères, aussi d'individus qui transgressent publiquement ou secrètement.

Le ***Tsadiq*** descend parmi tous ces gens-là, dans la scène sociale. Il se tourne vers sa communauté, celle-ci met sa confiance en lui et, par ce contact réciproque, elle finit par s'élever avec lui. Par la force du lien qui l'unit à sa communauté, le ***Tsadiq*** connaît les besoins de son cœur, ses aspirations, il éprouve lui-même ses penchants. Il y a littéralement une sympathie, voire une amitié. Dans la première période du hassidisme, cette amitié n'a pas un but social. Sa première visée est seulement spirituelle.

La descente ne concerne au début aucunement le bien-être matériel de la communauté, bien que celui-ci puisse surgir comme conséquence.

Lorsque le ***Tsadiq*** se lie à sa communauté, c'est pour en connaître les soucis, les désespoirs et les aspirations ; mais plus important, c'est qu'à cette occasion des idéaux « impurs » s'éveillent en lui et il peut procéder à leur élévation et à leur sanctification.

La version plus radicale de la descente du Tsadiq telle qu'elle apparaît en fait dans les textes du premier hassidisme ne repose que sur un point : la faute et la purification de la faute. Il n'y a pas de rapport à la communauté de manière concrète. L'image du juste, pasteur dans sa communauté, est tardive. L'ensemble des récits concernant le Baal Chem Tov est une image construite après coup.

Le groupe du premier hassidisme ne s'occupe que de ce

qu'on pourrait appeler une « théologie de la faute »[38]. Nous avons insisté plus haut sur la prise de conscience de la « crise » au sein de la confrérie des prédicateurs.

Leur rôle communautaire qui consiste à « ramener » les juifs dans le chemin de la Tora ayant échoué par les moyens classiques et rationnels, ils se tournent alors vers des méthodes que l'on peut qualifier de « magiques ». Ils vont essayer d'agir contre le mal et les fauteurs, sans leurs consentements et même contre leur gré par les biais « d'acrobaties magico spirituelles » de « montées et descentes ».

Le ***Tsadiq*** va descendre pour s'attacher au mal et aux fauteurs et les remonter avec lui dans sa remontée personnelle[39].

C'est une idée que l'on rencontre déjà dans le Zohar[40] et chez d'autres Cabalistes[41].

Dans les premiers moments de l'élaboration de l'idée, la descente n'est pas volontaire.

La cause et la possibilité de la descente résident dans la « faille » qui se produit chez le ***Tsadiq*** lui-même provoquant la descente. Il profite ainsi de la descente pour remonter avec lui les fauteurs.

Dans l'idée initiale, seulement les fauteurs ayant envisagé un retour profitent de la remontée du ***Tsadiq***. La version plus radicale de la descente envisage non seulement une descente psychologique et contemplative, mais une descente réelle, concrète. On entre alors dans un univers où la terminologie est plus proche de l'alpinisme que de la théologie ou de la mystique, ce qui n'est pas incompatible. De ce fait, le juste doit s'assurer avant de descendre, de la possibilité de la remontée. Le danger de la descente implique une phase d'attachement et de contemplation préliminaire. Dans sa descente, le ***Tsadiq*** va s'identifier au fauteur et faire l'expérience de la faute, ne serait-ce qu'en pensée ; nous allons y revenir.

33. Y a-t-il un rapport entre Shabataï Tsvi et le Baal Chem Tov ?

Nous avons montré qu'il existait un rapport entre les concepts shabataïstes et hassidiques sous la forme de mutations, d'atténuations ou encore de radicalisation, nous le montrerons encore.

La question abordée ici est celle des rapports personnels entre le ***Baal Chem Tov*** et ***Shabataï Tsvi.*** La tradition hassidique rapporte explicitement le « combat » entre les deux hommes[41].

Le Baal Chem Tov aurait aperçu Shabataï Tsvi en rêve lui demandant de réaliser son ***Tiqoun,*** aurait alors fait une tentative de « descente » pour réparer l'âme de Shabataï Tsvi, mais devant le danger et la séduction du shabataïsme, le Baal Chem Tov fit « demi-tour » et refusa de faire cette expérience périlleuse.

De cet épisode, nous apprenons deux choses fondamentales. Premièrement que ***le hassidisme avait une conscience aiguë de la réalité shabataïste et la considérait avec sérieux.*** Ensuite que la vocation du hassidisme à sa naissance est liée au shabataïsme ne serait-ce que comme contrecoup de l'ordre du ***Tiqoun.***

Dans le même ordre d'idée, l'arrière-petit-fils de Baal Chem Tov, ***Rabbi Nahman de Braslav*** dira : « Si mon arrière grand'père est venu pour réparer l'âme de Shabataï Tsvi, je suis venu, moi, pour faire le *Tiqoun* de l'âme de Jacob Frank ».

Mais le *Tiqoun* passe par la descente c'est-à-dire par

l'identification à la faute et au fauteur, on comprend à la fois le danger et la fascination.

34. Le Baal Chem Tov et ses successeurs : Quelles sont les différentes écoles hassidiques ?

I — La première période : l'entourage du Baal Chem Tov

On peut repérer plusieurs périodes dans le hassidisme[42]. La première est celle du Baal Chem Tov et de son entourage. Le mouvement hassidique n'est alors pas encore créé.

Nous avons montré que le Baal Chem Tov faisait partie d'une confrérie dans laquelle il fut reconnu par la suite comme chef spirituel. Dans l'entourage du Becht, on rencontre tout d'abord ***Rabbi Yaaqov-yossef de Polnoye*** qui joua un rôle fondamental dans la seconde période, à la « cour » de Mézéritch.

Parmi les compagnons, sans être formellement classé parmi les disciples, on trouve la figure de Rabbi Pinhas de Koretz. Né en 1728 à Shklov dans la région de Mogilev, il meurt en 1751 sur la route de la terre d'Israël. Wiesel le voit essentiellement du côté de la « sagesse hassidique ». L'œuvre posthume de *Midrach Pinhas* contient nombre de maximes, anecdotes, réflexions et commentaires où la tradition se mêle à la tradition.

Plein d'humour, c'est surtout l'amitié et la chaleur de la rencontre qu'il a célébrées.

Une bonne histoire hassidique, même quand elle nous raconte des miracles, nous dit en vérité l'expérience de l'amitié, les plus grands miracles de la vie.

Rabbi Pinhas insiste sur l'importance de chacun d'où

qu'il vienne et quel qu'il soit. Chacun de nous peut ouvrir les portes de la rédemption[43].

Aux côtés de Baal Chem Tov, on trouve aussi Rabbi Nahman de Kossov, Rabbi Nahman de Horodenko, Rabbi David Kitsès, Rabbi David Leikes, Rabbi Leib surnommé le Grand'père de Shpole, ***Rabbi Nahoum de Tchernobil,*** Rabbi Mihkal de Slotchov, Rabbi Wolfe de Zbarsazh auquel Wiesel a consacré une étude intitulée l'Humilité hassidique[44].

II — La deuxième période : l'organisation du mouvement

La deuxième période du hassidisme commence avec le début de l'organisation du mouvement.

En 1760, à la mort du Becht, la succession échoit à l'un de ses disciples préférés, ***Rabbi Dov-Baer*** dit ***le Grand Maguid de Mézéritch.*** Comme tous les grands maîtres, sa biographie coule entre les rives de l'Histoire et de la légende.

Il naquit en 1704 en Volhynie. Il rencontra le Becht en 1752, huit ans avant la mort de ce dernier. Certains prétendent qu'ils ne se rencontrèrent que deux fois, la seconde rencontre ayant duré six mois :

Une histoire :

> « — Pourquoi pleures-tu, mère ? Parce que la maison brûle ?
>
> — Oui.
>
> — Nous en aurons une autre, je te le promets.
>
> — La maison n'est pas tout, mon fils. Si je pleure, c'est à cause d'un document précieux que les flammes consument devant nos yeux.
>
> — Quel document ? demande l'enfant.

— Notre arbre généalogique, répondit la mère. Il est illustre, tu sais.

— Mère, ne pleure plus, je t'en ferai un autre. Avec moi commencera une nouvelle lignée, je te le promets. »

Dov-Baer avait alors cinq ans.

En 1750, sous sa direction, fut créé le premier cercle hassidique dans la ville de Mézéritch. Ce cercle ne comptait aucun des maîtres qui avaient été disciples du Becht.

La marque caractéristique du cercle hassidique de Mézéritch fut qu'il se trouva dès son début sous l'influence d'experts combatifs et de personnalités issues du rabbinisme doctoral qui voulaient y introduire une révolution, une transformation radicale.

Rabbi Dov-Baer était une personnalité autour de laquelle se réunissaient des amis, mais ce n'était pas le type classique de l'homme du peuple qui pouvait créer un nouveau mouvement et lutter pour sa nouvelle existence. C'était en fait un cabaliste issu de la nouvelle cabale, solitaire, intellectuel et non pas un vulgarisateur.

On le perçoit facilement, Rabbi Dov-Baer seul n'aurait pas créé le mouvement hassidique. Il fallait la plume habile et le don d'organisateur de Rabbi Yaaqov-yossef de Polnoye dont nous avons déjà parlé comme compagnon du Becht.

De ce fait, on ne peut pas parler légitimement d'un successeur du Becht. Il faut dire que ***Rabbi Dov-Baer*** et ***Rabbi Yaaqov-yossef*** ont créé le hassidisme et continuèrent à allumer le feu du Baal Chem Tov.

Rabbi Yaaqov-yossef était un homme d'élite, descendant d'éminents cabalistes polonais ; très jeune, il fut rabbin à Sharigrad, Rashkov, et Némirov. Talmudiste de grand mérite, il était aussi grand cabaliste et mystique. Il fut introduit dans le feu hassidique par le Baal Chem Tov lui-même.

Rabbi Baer et Rabbi Yaaqov-yossef mirent tous deux en commun leurs meilleures qualités dans l'organisation du mouvement naissant.

Rabbi Dov Baer, l'autorité, la personnalité intellectuelle, devint le Maître, et Rabbi Yaaqov-yossef, l'esprit subtil, l'érudit, le lutteur ; il entreprit la lutte pour assurer le triomphe du hassidisme.

L'importance de ***Rabbi Yaaqov-yossef*** réside aussi dans son talent d'écrivain. ***Il fut le premier à créer une littérature hassidique.*** Dans un hébreu parfait, il rédigea les *Toldot yaaqov-yossef*, « chroniques de yaaqov-yossef ». Il le fit paraître en 1783 sans aucune approbation rabbinique et suscita avec intention une vive polémique.

Il faut dire que les *Toldot* est une attaque en règle contre le rabbinisme institutionnel.

Les *Toldot* fut imprimé avec un joyeux zèle par les adeptes hassidiques dans une imprimerie aménagée exprès à cet effet à Medjiboj, la ville de Baal Chem Tov. Le tirage fut énorme pour l'époque, ainsi que pour ses moyens de diffusion. Plus que vendu, il fut distribué gratuitement comme ouvrage de polémique et de propagande.

Le but recherché fut atteint. La rumeur, la sensation et le scandale furent immenses. Le hassidisme était né !!

L'innovation essentielle de Rabbi Dov-Baer, le Maguid de Mézéritch fut la théorie et la compréhension de la figure du *Tsadiq*.

Nous avons dit plus haut que le rôle du ***Tsadiq*** dans le hassidisme naissant consistait en une série d'actions magico-rédemptives visant à retrouver et à réunir les étincelles.

Le ***Tsadiq*** comme personnage charismatique autour duquel se réunit le peuple a été inventé par le Grand Maguid de Mézéritch.

Le ***Tsadiqisme*** est la grande œuvre du Maguid. Tout le développement du mouvement est centré autour de la personnalité du Maître hassidique, du Rabbi ; c'est là quelque chose d'entièrement nouveau. *La personnalité prend la place de la doctrine.* Ce n'est pas la connaissance du Maître qui importe mais sa personne. L'homme prend la place du texte. On ne commente plus les versets de la Tora, mais les moindres gestes, paroles ou regards du Rabbi [44].

Le Tsadiqisme aurait pu être une dérive du hassidisme. Des maîtres vigilants et lucides comme Rabbi Shnéour Zalman de Lyadi, Rabbi Menahem Mendel de Kotzk ainsi que Rabbi Nahman de Braslav limitèrent le rôle du *Tsadiq* et redonnèrent une place essentielle à l'étude.

III — La troisième période : les grands courants

La troisième période commence à la mort du Rabbi Dov Baer. A ce moment-là le hassidisme était déjà concentré, ordonné et achevé comme système. Qui succéda à Rabbi Dov Baer ?

Aucun de ses disciples ne surpassait assez les autres et ne s'en distinguait suffisamment pour être reconnu comme LE Maître.

Ce que nous voulons montrer ici est la filiation du mouvement, plutôt que de nous arrêter sur tel ou tel personnage. Nous renvoyons pour les portraits et légendes aux chefs-d'œuvre d'Elie Wiesel et de Martin Buber.

Après la mort du Maguid, chacun des disciples rentra chez lui dans sa ville d'origine, certains se disant mûrs pour le rôle du Tsadiq.

Nous trouvons dans le nord, en Lituanie et Russie blanche, ***Rabbi Shnéour Zalman de Lyadi,*** Rabbi Mendel de Vitbesk, Rabbi Abraham de Kalisk et Rabbi Ismaël de Polick. Il faut préciser que la Lituanie et la Russie blanche étaient le fief du mouvement rabbinique réactionnaire, anti-hassidique. Nous y reviendrons.

Les maîtres que nous venons de citer essayèrent de construire une petite citadelle hassidique à Horodok pour briser l'offensive rabbinique. Le hassidisme de Russie s'opposa, au début, au « couronnement » d'un Tsadiq exclusif. Mais sous la pression incessante de l'opposition, les hassidim cherchèrent la nomination d'un chef spirituel d'envergure, un personnage central qui jouirait de la confiance et du respect de la majorité.

Un groupe de disciples s'était attaché tout d'abord à ***Rabbi Mendel de Vitbesk.***

Par la suite Rabbi Mendel qui quitta la Russie pour la Terre sainte décida lui-même et indiqua aux hassidim la personne de ***Rabbi Shnéour Zalman*** de Lyadis pour lui succéder en Russie.

Il y eut alors deux centres. Un à Safed en Terre sainte où se trouvait Rabbi Mendel de Vitbesk, l'autre en Russie sous la direction de Rabbi Shnéour Zalman.

Rabbi Shnéour Zalman devint l'homme le plus important pour l'histoire du hassidisme entier et pour la direction que ce mouvement a prise depuis.

Si Rabbi Shnéour Zalmann put jouer ce rôle fondamental, c'est qu'il alliait une connaissance parfaite du Talmud et de la Halakha aux connaissances mystiques et cabalistes de l'école de Louria. Il ajoutait à son érudition en tout domaine une sociabilité formidable. Il joua le rôle de chef spirituel et communautaire pour tout le hassidisme sans tomber dans les travers du Tsadiqisme.

On peut même dire qu'il continua au contraire à œuvrer pour la destruction du tsadiqisme.

Il jugea inutile de combattre tel ou tel Maître. Il préféra combattre l'obscurantisme des masses hassidiques qui les conduisait à un état moral provoquant une décadence certaine.

Rabbi Shnéour Zalman préféra agir par l'enseignement et au moyen de la littérature.

Il fut le premier homme de lettres classiques du hassidisme après Rabbi Yaaqov-yossef. Ses ouvrages contrairement à ceux de Rabbi Yaaqov-yossef ne sont pas des ouvrages de propagande, mais ceux d'un penseur de très grande envergure, d'une supériorité extraordinaire.

On lui doit entre autres, un *choulkhan-aroukh,* c'est-à-dire un code de lois, une création d'un livre de prière faisant la synthèse de différentes rites, et son ouvrage principal, le *Tanya* intitulé aussi « Livre pour l'homme moyen » qui montre en filigrane une critique sévère à l'égard du Tsadiqisme. C'est un des livres les plus importants de la littérature hassidique ; différents thèmes y sont abordés mais on peut dire qu'il insiste surtout sur le fait que le titre de *tsadiq* ne dépend que du mérite personnel de chacun.

Rabbi Shnéour-zalmann fonda une lignée qui existe encore aujourd'hui sous le nom de Habad ou de Loubavitch. Le hassidim Habad joue un rôle fondamental dans le panorama du judaïsme mondial contemporain.

*
**

Toujours dans cette troisième période, une autre figure-clef du hassidisme doit être mentionnée : celle de ***Rabbi Nahman de Braslav.*** Nous venons de parler du nord de la Russie et de la Lituanie, nous parlerons maintenant du sud de l'Ukraine.

Soulignons encore une idée qui est souvent passée sous silence.

Il existe une critique interne dans le hassidisme. Des maîtres hassidiques se sont élevés contre des pratiques destructrices de la dynamique hassidique.

La critique hassidique ne vise pas seulement le monde extérieur du hassidisme.

On explique souvent le hassidisme comme une lutte contre le rabbinisme. Cela est juste, mais incomplet. Il est aussi une lutte contre un premier hassidisme se sédimentant et se figeant, se cristallisant, se pervertissant autour de la figure du Maître.

Rabbi Shnéour-Zalman n'a pas combattu les autres maîtres. Il a créé, inventé et éduqué.

Rabbi Nahman de Braslav, par contre, s'en est pris aussi à tous ces Maîtres hassidiques qui commençaient à tenir une « cour ». Braslav est une critique contre le rabbinisme et le hassidisme pervertis. Le retour à l'importance de chacun et au droit de chacun à l'inovation du sens, tel que nous le montrons plus loin, en est l'illustration la plus parfaite. C'est une critique du tsadiqisme c'est-à-dire du pouvoir et de son abus.

En refusant qu'on lui succède à sa mort, Rabbi Nahman montre que le hassidisme n'est pas une royauté, que le mérite s'acquiert et ne s'hérite pas. L'homme doit s'inventer.

A sa façon, ***Rabbi Mendel de Kotzk*** qui se retira de la vie publique pendant des années jusqu'à sa mort lutta contre cette dégénérescence du hassidisme !

Rabbi Nahman de Braslav est un homme unique dans toute l'histoire du hassidisme.

Il naquit dans la ville du Baal Chem Tov dont il était l'arrière petit-fils, l'année de la mort du *Maguid* en 1772. Aucun parmi les Maîtres hassidiques n'a laissé une aussi grande littérature.

Il inventa la « littérature » hassidique elle-même en se faisant conteur, d'un génie et d'une invention incroyable. Il transforma la figure du tsadiq en celle d'un guide spirituel qui est là pour aider et non pour être honoré. Sa lutte contre le tsadiqisme lui valut d'être attaqué de toutes parts mais il tint bon, faisant de la lutte une force pour s'élever.

Rabbi Nahman est un lutteur et un chercheur. Il est surtout un penseur audacieux qui n'a pas peur du risque. Lorsqu'il dit que « le monde entier est un pont étroit et qu'il ne faut pas avoir peur », il faut comprendre qu'il ne faut pas avoir peur de tomber mais qu'il faut risquer l'aventure.

Il eut la chance d'avoir un disciple et secrétaire extraordinaire d'une grande envergure, ***Rabbi Nathan de Nemirov*** qui fut en fait l'auteur, ou plutôt le rédacteur, de l'ensemble de son œuvre.

L'esprit qui anime les grandes lignes de la pensée hassidique — que nous développerons par la suite — est inspiré de son œuvre. Comme Rabbi Shnéour zalman, il trouva des adeptes qui réussirent la transmission jusqu'à nos jours. Le hassidisme Braslav est encore d'une grande vitalité aujourd'hui.

IV — La quatrième période : les dynasties

On pourrait encore passer en revue et construire une galerie de portraits attachants.

Les figures importantes du hassidisme ont été éclairées par la plume d'Elie Wiesel qui, me semble-t-il, a réussi avec Martin Buber à transmettre la flamme du hassidisme à l'intérieur même du monde contemporain. Nous renvoyons donc à ces auteurs et leurs écrits.

Ce que nous appelons la quatrième période est celle des dynasties. Il y a dans cette période une dérive nette du hassidisme et de son caractère révolutionnaire. Par « dynastie » nous entendons le fait que l'homme ne se construit plus, ne s'invente plus, ne mérite plus, mais existe simplement par sa naissance. Or être le fils de quelqu'un ne suffit pas pour faire un homme.

Lorsque le hassidisme commença à se transmettre de père en fils, c'est-à-dire quand le titre de Rabbi ne fut plus un mérite mais un droit, alors nous entrons dans la quatrième période.

L'idéal hassidique n'était pas entièrement mort; la joie, la danse, la chaleur, l'amitié, le renouvellement pouvaient encore se rencontrer, mais l'institutionnalisation du hassidisme fut une dégradation relativement grave.

De l'extérieur, ce hassidisme est encore vivant, il compte de nombreux adeptes, mais il manque ce qui fit la révolution hassidique : la force de se renouveler et de s'inventer.

Il faut y voir aujourd'hui une société qui a son folklore, sa culture, ses pratiques, ses richesses, mais il faut savoir garder l'œil critique pour en voir ses dérives et ses aberrations [49].

35. Existe-t-il une opposition au hassidisme ?

Les opposants sont appelés ***mitnagdim.*** L'opposition anti-hassidique date de la deuxième et troisième période...

Si le livre de « propagande » de Rabbi Yaaqov-Yossef donna un nouvel essor au hassidisme, il produisit aussi une vive réaction.

La première campagne d'intimidation, de dénigrement et de répression contre le mouvement dissident, c'est dans l'orgueilleuse Lituanie qu'elle fut élaborée et mise en œuvre. On se souvenait encore des conséquences néfastes de la diffusion des doctrines des faux messies Shabataï Tsvi et Jacob Frank aux XVIIe et XVIIIe siècles ; eux aussi avaient tenté d'affranchir les juifs des lois trop rigides ; ils avaient aussi mis l'accent sur la quête mystique et la joie collective comme voie de rédemption. Aussi soupçonnait-on d'hérésie chaque idée, chaque expérience qui ne découlait pas directement d'une observance stricte de la *Halakha* (loi traditionnelle).

Le Gaon de Vilna qui, depuis l'âge de treize ans, depuis sa *Bar-mitsva,* vivait en ascète reclus parmi ses livres et manuscrits, réaffirmait que le Juif ne peut revendiquer son judaïsme qu'en obéissant à *tous* les commandements de la Tora. Il respectait Maïmonide comme codificateur génial, mais non pour son œuvre philosophique. Selon lui, les lois avaient été données pour être observées, un point c'est tout. Il ne fallait pas chercher à les comprendre, et moins encore à les changer. Ce qui était bon pour Moïse et Rabbi Aqiba doit l'être pour nous aussi. Et voici qu'un groupe prétendait modifier le code de vie et le comportement des individus et de la collectivité ; voici une secte dont les chefs se permettaient d'altérer les livres et les heures de prière, et d'ébranler l'importance de l'étude talmudique en affirmant que la récitation des Psaumes pèse autant que l'approfondissement de la Torah !

A lire les documents et pamphlets anti-hassidiques, on a l'impression qu'outre les questions de doctrine, il y avait le problème des mœurs : les faits et gestes avaient de quoi choquer les rationalistes sobres et rigoureux de Lithuanie. Ces derniers n'appréciaient pas l'exhibitionnisme trop spectaculaire des hassidim qui criaient en priant, s'agitaient, frappaient les murs et les pupitres pour atteindre l'extase. De plus, ils se réunissaient dans des demeures privées où ils se racontaient des histoires abracadabrantes et apprenaient des airs populaires au lieu d'étudier la Bible. Pire : ils buvaient un peu, ou beaucoup ; disons : un peu trop. Les « gens bien » ressentaient tout cela comme un outrage et criaient au blasphème. D'autant plus que çà et là la « secte » rencontrait quelque succès, surtout chez les prédicateurs mécontents, chez les surveillants d'abattoir pauvres. Eh oui, la forteresse présentait des points vulnérables. Des fissures apparaissaient. Raison de plus pour que les notables sévissent et tentent d'arrêter la vague.

La tâche des opposants était d'autant plus ardue que le Maguid de Mézéritch avait eu l'intelligence d'envoyer ses meilleurs éléments comme émissaires en Lithuanie.

On ne trouvait nulle part des hommes de la stature d'un Rabbi Shnéour-Zalman de Lyadi, fondateur du *Habab*. Avec son ami Rabbi Mendel de Vitebesk, il enseignait en Russie blanche, mais son rayonnement s'étendait jusqu'à Vilna. Talmudiste sans égal, cabaliste prodigieux, il attirait les jeunes savants que le mouvement intriguait. Ses pires ennemis ne pouvaient l'accuser, lui, d'ignorance.

Les notables avaient donc raison de se sentir menacés. Et d'agir.

Un autre facteur vint exacerber les tensions : la diphtérie qui, à cette époque, ravageait la ville de Vilna ; des centaines d'enfants périrent. Comme d'habitude, on vit là le signe d'un châtiment. Qui dit châtiment dit péché. Qui donc étaient les pécheurs ? On les trouva facilement : les membres de la fraction hérétique, les hassidim. Du coup, on les accusa de tous les méfaits imaginables ; d'ailleurs, ils manquaient de déférence à l'égard du Gaon, donc envers ses connaissances, donc à l'égard de la Tora elle-même. Il fallait les punir. Certains furent fouettés en public, d'autres chassés de la ville. On dispersa les centres d'accueil hassidiques, on humilia leurs animateurs. On décida de pousser plus loin la répression en jetant l'anathème sur les hassidim en masse.

On mobilisa contre eux les communautés proches et lointaines. Une lettre à cet effet fut signée par les rabbins d'Amsterdam, de La Haye, de Metz et de Prague. La première cérémonie d'excommunication — accompagnée, selon le rite, du son du chofar et à la lumière de bougies noires — se déroula après Pâque 1772 ; d'autres suivirent, nombreuses dans les grandes villes de Lithuanie et de Russie blanche. Au nom du Gaon de Vilna et d'autres sages célèbres, on bannit les mariages avec les « sectaires » ; on interdit de partager leurs repas et d'entretenir avec eux des relations, même d'affaires. Lecture de l'édit fut donnée dans les foires et dans toutes les assemblées. C'était la guerre. La guerre ouverte[50].

La réaction à l'écrit de Rabbi Yaaqov-yossef fut virulent. Le Gaon de Vilna considérait l'écrit comme le comble de l'insolence.

Avec un fanatisme tout médiéval et assez monacal, le

Gaon ordonna immédiatement dans toutes les communautés de son obédience l'autodafé du *Toldot Yaaqov yossef*. La scène de l'autodafé dans la ville de Brody a été maintes fois décrite. On en retire surtout l'impression d'un très haut degré de fanatisme de la part des adversaires du hassidisme.

Avec le temps et la persévérance des grands maîtres comme ***Rabbi Shnéour Zalman*** et ***Rabbi Nahman de Braslav,*** le hassidisme enseigné conquit les cœurs et les esprits et la querelle s'atténua.

Mais nous devons insister sur un point essentiel de cette querelle.

Rabbi Chnéour Zalman fut interné à la prison de Saint-Pétersbourg.

Le jour de sa libération fut une grande victoire pour le hassidisme. Il est encore fêté aujourd'hui le 19 kislev (au mois de novembre ou décembre, par ses adeptes).

Si on regarde la situation contemporaine, on s'aperçoit que la querelle n'est pas terminée. Il existe une opposition interne entre les divers groupes hassidiques, entre les hassidim issus de la troisième période et ceux de la quatrième. De même la querelle entre hassidim et opposants ressurgit de temps en temps ; excommunication et autodafé sont alors de rigueur.

Non, les hommes ne sont pas devenus plus généreux et plus intelligents !

L'intolérance, le fanatisme et la bêtise sont malheureusement encore bien partagés !

Qu'on nous permette, dans ce dossier de la querelle, de proposer au lecteur un **conte hassidique de J. L. Peretz** qui montre peut-être comment le cœur peut gagner une victoire sur la raison.

L'humour et l'ironie font ici bon ménage.

36. Et plus haut peut-être !...

« A l'approche du Jour du Pardon, chaque matin, à l'heure des prières, le fameux Rabbi de Némirov disparaissait : pas moyen de retrouver sa trace !

Il n'était nulle part : ni à la synagogue, ni au Bet-Hamidrach (La maison d'étule), encore moins chez lui. Sa maison était ouverte à tout venant ; entrait qui voulait : qui, en effet, irait voler le Rabbi ? Bref, dans sa chambre, pas un être vivant !

Où est le Rabbi ?

Où voulez-vous qu'il soit ? Au ciel, sans doute !

Avant le Grand Pardon, un Rabbi n'a-t-il pas des tas d'affaires à régler avec Dieu ? Les Juifs ont besoin de tant de choses ! D'argent pour vivre, de paix, de santé, de bons mariages. Ils veulent être bons et pieux, mais leurs péchés sont grands. Satan, de ses milliers d'yeux, voit le monde d'un bout à l'autre : rien ne lui échappe ; il accuse et dénonce... Et qui prendra la défense des Juifs, si ce n'est le Rabbi ?

Ainsi pensaient les fidèles...

Mais voici qu'arrive un Juif lithuanien, un mitnagued. Et il rit ! Vous savez bien ce que sont les mitnagdim ! Ils traitent à la légère les livres de la Cabale, mais, par contre, ils sont farcis de Talmud et de commentaires. Et le mitnagued se met à démontrer, à discuter : ses arguments mettent les fidèles hors d'eux-mêmes ! Textes en main, il prouve que Moïse lui-même n'a pu monter au ciel de son vivant, que lui-même a été obligé de se tenir à dix coudées au-dessous du ciel !...

— Mais où est le Rabbi, alors ?

— Cela me regarde ! répond le mitnagued.

Et il hausse les épaules. Mais à l'instant même il se propose (c'est bien un vrai mitnagued) de découvrir la chose.

Le soir même, tout de suite après la prière du soir, le mitnagued se glisse dans la chambre du Rabbi, se couche sous son lit et attend. Il a résolu de passer toute la nuit là, pour savoir ce que le rabbi fait le matin, à l'heure des prières du Pardon.

Un autre, à sa place, se serait peut-être endormi et aurait manqué son coup ; mais un mitnagued trouve moyen de se tirer d'affaire ; il récita de mémoire tout un traité du Talmud ! Je ne me souviens plus si c'était des Jours Ouvrables ou celui des Serments.

A l'aube, il entend le veilleur qui appelle les fidèles aux prières.

Le Rabbi ne dort plus depuis un bon moment. Il y a une heure que le mitnagued l'entend soupirer et gémir sur son lit.

Ceux qui ont entendu gémir le Rabbi de Némirov savent combien chacun de ses gémissements exprimait d'affliction pour le sort de tout Israël, combien de douleur !... Votre cœur se serrerait à l'entendre ! Mais un mitnagued a un cœur de pierre ; celui-ci entend les gémissements, et reste couché ! Le Rabbi aussi reste couché ; mais le Rabbi, Dieu lui donne longue vie ! est couché sur le lit, et le mitnagued, dessous.

Puis le mitnagued entend grincer les lits dans toute la maison... Il entend les habitants se lever, murmurer une prière... On s'humecte les ongles... Des portes s'ouvrent et se referment... Enfin, les gens partent... C'est de nouveau le calme et l'obscurité ; seul le clair de lune pénètre entre les volets...

Par la suite, le mitnagued a avoué que, resté seul avec le Rabbi, il avait été pris de terreur. Des frissons le parcouraient; il sentait aux tempes des picotements d'aiguilles.

En effet, c'était plus grave! Etre seul avec le Rabbi à l'époque des prières du Pardon, à l'aube!...

Mais un mitnagued est entêté; il tremble comme une feuille mais il reste.

Enfin, le Rabbi, Dieu lui donne longue vie! se lève... Tout d'abord, il fait ce que tout Juif doit faire... Puis il ouvre l'armoire à vêtements et en sort un paquet... Il le défait, et que voit le mitnagued? Des habits de paysan : une blouse et un pantalon de toile, un pardessus grossier, des bottes, une grande casquette avec la large mentonnière de cuir fixée par des boutons de métal...

Le Rabbi endosse ces vêtements-là... De la poche de sa blouse pend un bout de grosse corde... Un vrai paysan!

Le Rabbi sort : le mitnagued le suit.

Avant de quitter la maison, le Rabbi passe à la cuisine, se penche, prend une hache rangée sous un lit, la passe dans sa ceinture et sort.

Le mitnagued tremble, mais il ne quitte pas le Rabbi.

Dans les nuits noires, règne le silence angoissant des jours de prières du Pardon. On entend parfois la voix d'un fidèle qui prie dans quelque maison, et cette prière s'élève de son cœur comme un cri... Ou c'est un gémissement de malade qui s'échappe de quelque fenêtre... Le Rabbi glisse furtivement, le long des murs, dans l'ombre des maisons... Tel un fantôme, il passe d'une maison à l'autre, le mitnagued après lui...

Et le mitnagued entend les battements de son cœur en même temps que les pas pesants du Rabbi, mais il continue à le suivre. Bientôt, il se trouve hors de la ville, sur les talons du Rabbi...

Près de la ville, s'étend un bois.

Le Rabbi, Dieu lui donne longue vie ! y pénètre, fait encore une trentaine de pas et s'arrête devant un petit arbre. Et le mitnagued est saisi d'étonnement lorsqu'il voit le Rabbi prendre sa hache et frapper l'arbre.

Il voit le Rabbi cogner et cogner ; l'arbre grince et gémit, enfin il s'abat ; le Rabbi en fait des bûches ; puis il fend les grosses bûches pour en faire des petites. Il en fait un tas, le lie avec la corde qu'il a dans sa poche, jette tout le paquet sur son dos, remet sa hache dans sa ceinture, sort du bois et se dirige vers la ville. Dans une petite ruelle, il s'arrête devant une pauvre maison délabrée et il frappe à la fenêtre.

— Qui est là ? demande une voix effrayée, de la maison.

Le mitnagued reconnaît une voix de femme, une voix de femme malade.

— C'est moi ! répond le rabbi en patois paysan.

— Qui, « moi » ? demande la voix.

Et le Rabbi répond encore, en ukrainien :

— C'est moi, Vassile.

— Quel Vassile ? Et que veux-tu Vassile ?

— J'ai du bois, dit le prétendu Vassile. J'ai du bois à vendre ! Très bon marché ! Presque pour rien !

Et, sans attendre la réponse de la juive, il entre dans la maison.

Le mitnagued s'y glisse après lui.

A la lumière grise de l'aube, il voit une pauvre chambre, des meubles misérables... Dans son lit, une Juive malade est couchée, couverte de chiffons, et elle dit, d'une voix amère :

— « Du bois à vendre ? Et comment puis-je l'acheter ? Je n'ai pas d'argent, je suis une pauvre veuve !

— « Je te le laisserai à crédit ! répond le prétendu Vassile. Cela ne te coûtera en tout que trois kopeks !

— Où les prendrais-je ? gémit la pauvre juive.

Le Rabbi lui dit d'un air de reproche :

— Pauvre femme ! Vois ; tu es une pauvre juive, malade, et moi je te cède à crédit ce paquet de bois, je te fais confiance ; et toi, qui as un Dieu si puissant, si grand, tu n'as pas confiance en lui... Tu n'as pas assez de foi pour croire qu'il t'enverra un jour trois misérables kopeks pour payer ces quelques bûches ?

— Et qui m'allumera mon feu ? gémit la veuve. Ai-je la force de me lever ? Mon fils travaille loin d'ici.

— Je vais te l'allumer, dit le Rabbi.

Et, tout en mettant le bois dans le poêle, le Rabbi gémit et dit le premier verset des prières du Pardon...

Puis, quand il a allumé le feu, et que le bois s'est mis à brûler gaiement, il dit, d'une voix plus enjouée, le deuxième verset...

Il a dit le troisième verset quand le feu eut bien pris et qu'il eut baissé le tablier...

Le mitnagued qui a été témoin de ces choses est resté un fidèle du Rabbi de Némirov..

Et plus tard, quand un fidèle racontait que le fameux Rabbi, à l'époque des prières du Pardon, montait chaque matin jusqu'au ciel, le mitnagued ne riait plus, mais il ajoutait tout doucement :

— Et plus haut peut-être !... »

(Traduit du yiddich par M. Guterman)

DEUXIÈME PARTIE

LA PENSÉE HASSIDIQUE

37. Le voyage des étincelles continue-t-il ?

Nous avons beaucoup insisté dans cet essai sur la métaphore des étincelles, tout d'abord dans la Cabale de Louria, puis dans le shabataïsme. Il nous faut à présent voir quelle forme les étincelles, et plus particulièrement « l'élévation des étincelles », a pris dans le hassidisme.

La mutation du concept se situe essentiellement dans le passage du collectif à l'individuel, de la responsabilité collective à une responsabilité propre au regard de la vie quotidienne la plus intime et de son entourage. Tout homme devient le rédempteur d'un monde qui est le sien, il porte ce que lui, et lui seul, doit porter, il éprouve ce que lui seul peut éprouver.

Nul ne peut accomplir l'œuvre de son semblable, nul ne peut faire s'élever une étincelle qui ne soit pas la sienne.

C'est cette *personnalisation des étincelles* qui est la grande révolution hassidique. L'homme sort du magma collectif de l'institution pour devenir un « sujet » au sens fort de ce mot.

Le Baal Chem Tov et ses disciples insistent sur les liens mystiques qui existent entre l'homme et son entourage immédiat.

Chaque homme doit rechercher les liens contenant des étincelles tirées de la racine de son âme afin de les libérer.

Pour le dire autrement, la mutation entre la cabale de Louria et la doctrine hassidique est le passage du plan ontologico-métaphysique au plan psychologique et personnel.

Les textes hassidiques hésitent sur un point de cette théorie ; l'élévation des étincelles personnelles est-elle affaire de tout homme ou du *Tsadiq* seulement ? De manière générale, on peut dire que le dilemme se retrouve dans les domaines de la doctrine hassidique. Il semble qu'il soit encore d'actualité. Personnellement, nous choisissons le chemin qui donne à chacun la possibilité de construire lui-même son chemin et de rencontrer ses propres étincelles.

Quoiqu'il en soit, la nouvelle compréhension de *l'élévation des étincelles* a profondément marqué le hassidisme à plusieurs niveaux. En particulier, en ce qui concerne le rapport aux textes et le rapport à l'étude. Les étincelles sont présentes partout sans exception. Il n'y a donc aucune place pour un secteur qu'on pourrait dire profane en opposition à des domaines particuliers de sainteté.

L'homme a partout l'occasion, et même l'obligation de faire s'élever les étincelles, mais partout l'oubli de sa responsabilité le menace. Une conscience éveillée peut découvrir l' « étincelle » dans chaque domaine de la vie et peut demander ainsi au monde une signification plus haute et plus féconde.

Cette vision du monde n'a rien à voir avec un panthéisme mais plutôt avec un apprentissage à regarder le monde avec à chaque fois un regard neuf. Ainsi les actes simples et insignifiants deviennent fondamentaux.

Il y a presque ici une attitude phénoménologique avant

la lettre, un retour aux choses mêmes, un retour aussi au concret et à l'existence.

Le retour à l'existence n'est pas le lieu d'un matérialisme grossier ou naïf mais celui d'un renouvellement de la transcendance en l'homme. Retrouver les étincelles dans chaque chose veut dire rechercher en chaque chose l'absolu qui nous échappe mais qui crée une distance et un désir, une question et un mouvement d'au-delà de soi-même qui est justement la vie de l'existence au sens étymologique, de la capacité de sortir de soi, de se dépasser et de s'inscrire dans un mouvement de création. C'est *là* où l'homme se trouve qu'il doit faire briller la vie cachée de l'absolu.

Ce « là » n'est pas seulement la destruction des arrière-mondes. Il signifie plutôt et plus profondément les retrouvailles avec la transcendance à l'intérieur même du monde. Il y a une saisie existentielle des étincelles sacrées en toutes choses.

Cela signifie que les choses sont ouvertes au temps de la fécondité et à la créativité.

Elever les étincelles, cela signifie mener une vie plus pleine. Nous allons montrer dans les questions suivantes différentes facettes de l'élévation des étincelles. Les étincelles seront sous-jacentes à tous les propos qui vont suivre.

38. Quels sont les impératifs spirituels du hassidisme ?

Nous avons essayé de montrer tout au long de notre parcours que le hassidisme insistait sur la mise en place d'une responsabilité de chacun en face de son histoire (questions 5 à 12).

Le hassidisme met en place une **éthique.**

L'éthique n'est pas un mot, mais un mouvement, une recherche, une brisure. Il y a éthique quand il y a « recherche d'un lieu où la parole met en acte ses points de renouvellements, alors que tout est supposé acquis, déjà là, à commencer par la langue où l'on baigne, héritage qu'il n'y aurait plus qu'à faire tourner... en rond ».[52]

La parole, la langue et le langage ne sont pas pris ici dans leur sens purement linguistique ; ils désignent l'ensemble des signes du monde, du corps, de la société, bref, de tout ce qui s'organise pour signifier quelque chose. Ainsi peut-on parler d'une éthique de la parole, de l'action, du savoir.

39. Qu'est-ce qu'une action hassidique ?

Pour le hassidisme, l'éthique de l'action signifie qu'il y a un agir qui correspond à la faculté humaine de commencer, d'entreprendre, de prendre une initiative. L'action éthique s'oppose au comportement, qui n'est que le geste répété imitant un geste déjà fait, sans avoir la force de l'innovation.

L'éthique de l'action hassidique est l'interruption du flux de la vie qui conduit vers la mort ; elle est la faculté de commencer du neuf, nous rappelant constamment que les hommes, **bien qu'ils doivent mourir, ne sont pas nés pour mourir mais pour innover.**

L'action hassidique est une naissance. Elle est liberté. Parce que nous sommes nés, nous sommes condamnés à être libres.

L'action hassidique, qui s'oppose au geste de répétition, souligne que l'homme est un nouveau commencement, un initiateur.

L'éthique est ainsi liée au concept de « natalité ». L'homme peut avoir une action éthique parce qu'il est « être-pour-la-naissance ». La capacité même de commencer a sa racine dans la natalité, dans le fait pour l'être humain d'apparaître par vertu de naissance.

Nous rejoignons ici ce que le Talmud nomme *Pidione habène,* le rachat du fils [53], qui signifie que le premier-né-mâle n'appartient pas d'emblée à ses parents. Pendant trente jours symboliques, l'enfant appartient au Cohen, au prêtre. Le père doit racheter son premier-né — geste qui se répercute sur tous les enfants. Les liens biologiques n'impliquent aucune propriété : le père, la mère, l'enfant doivent prendre conscience de la naissance, non comme d'une continuité, mais comme d'une rupture.

Il y a nécessité de se sentir créature.

Naître, être une créature sont deux concepts essentiels à l'existence même de l'éthique. Dans l'histoire des idées, on peut comprendre ainsi l'enjeu fondamental de la discussion entre Aristote de Maïmonide sur la création ou la non-création du monde [54].

L'action hassidique **envisage le monde non pas dans ce qu'il est mais dans ce qu'il a à être.** La création du monde et de l'homme fait advenir un monde et un homme qui ne soit pas le tout. L'éthique réside dans ce « ne-pas-être-le-tout ». La perfection de l'homme n'est pas l' « être-total » mais le « ne-pas-encore » de l'être-total.

Dans une formule chère à André Neher, on peut dire que la « perfection de l'homme est sa perfectibilité ». Par l'événement de sa mise au monde, l'homme est liberté, celle-ci portant en lui la promesse d'un « avoir-à-être ».

Cette éthique de l'action implique une prise de position par rapport au principe de raison et à la philosophie de l'Histoire.

En effet, pour qu'il y ait action éthique, c'est-à-dire un geste fondé sur la nouveauté, il faut que l'histoire ne se laisse pas réduire au simple décalque d'un ordre rationnel préconstitué.

L'action éthique se pense dans la perspective d'une altérité radicale et exclut une théorie-causaliste. Elle est ce qui envisage la nouveauté sans céder au vertige de l'identique. Il y a des risques...

40. Comment se conçoit la parole hassidique ?

L'action hassidique que nous venons de décrire est corollaire d'une modalité de la parole que l'on nomme aussi éthique.

La parole hassidique est une éthique de la parole. L'éthique de la parole est le refus de la parole instituée, morte depuis longtemps sous le poids de son insignifiance. L'éthique de la parole, la parole éthique, est une **mise en mouvement du dire contre le déjà-dit.**

L'éthique est ainsi brisure, cassure, fissure. Elle est d'abord éclatement du mot en ses lettres, soulignant que le rapport entre les voyelles et les consonnes n'est pas une évidence et qu'il faut y introduire le Désir [55]. La parole éthique n'est pas celle qui est transmise en héritage ; elle n'est pas le testament, ni ancien ni nouveau, elle n'est ni parole annoncée ni parole annonçante ou réalisante.

Elle ne vient rien combler. Au contraire, elle introduit le blanc, l'espace, l'intervalle, la distance. Elle est balbutiement ; telle la parole de Moïse, tel le son brisé et hésitant du *Chofar*.

La parole hassidique est rire, danse et jeu. Elle ouvre la parole à elle-même ; elle s'oppose au langage préfabriqué du concept, du cliché, de la publicité, de la politique. Elle est contre le « nous-disons-tous-ensemble-la-même-chose ».

C'est une parole où le sujet se construit dans sa parole (et se déconstruit) ; où il est présent (même à son insu), c'est dire qu'une parole de l'ordre de l'inconscient est fondamentalement éthique dans la mesure où elle met en mouvement, où elle ébranle le déjà-parlé.

La parole hassidique n'est donc pas la parole du Livre autour duquel le groupe se recueille, pour former un être-ensemble. La parole hassidique est au contraire ce qui permet l'échec du groupe tout en lui permettant de se constituer autour de cet échec.

Le groupe, c'est-à-dire le « nous » du discours de l'administration totale, du discours clos, rêve d'effacer toutes les différences, toutes les singularités, toute altérité.

La parole hassidique, c'est ce qui échappe à l'effacement des différences.

41. L'impératif hassidique du renouvellement incessant a-t-il apporté une transformation dans le rapport à l'étude ?

L'éthique du hassidisme propose un ensemble de processus permettant de s'affranchir des formes instituées de l'expérience, pour inventer de nouvelles formes de vie.

Les différentes actions de l'homme doivent essayer d'inventer de nouvelles formes d'expérience jamais consignées. Une telle éthique n'est pas un devoir abstrait mais option de vie.

L'homme hassidique est homme du ***hidouch***, de la

nouveauté. De ce fait, l'éthique est liée à l'herméneutique ; cette dernière n'est pas seulement à entendre comme expérience de la compréhension sémantique, mais incarne une attitude fondamentalement existentielle, rendant possible l'invention de soi. L'éthique hassidique soutient que chacun a le devoir de rechercher la liberté d'inventer d'autres formes d'expérience.

Cette éthique n'assimile pas la liberté à la découverte de quelque vérité ou de quelque authenticité, mais à un constant effort d'affranchissement et d'invention de soi, du risque de soi.

L'homme du ***hidouch*** existe dans ce qui fait que chaque jour n'est pas répétition du jour qui précède. Dans la langue de Rabbi Nahman, cela se traduit par « l'interdiction d'être vieux ».

L'éthique talmudique est une exigence de l'inimitable.

Historiquement, le hassidisme s'est révélé être une critique de l'institution rabbinique officielle de l'époque. Cette critique peut s'étendre à toute institution de manière générale.

Mais ce que le hassidisme a le plus apporté, c'est la démocratisation de l'étude, la possibilité pour chacun d'accéder à l'interprétation.

Ce rapport subjectif devant les textes existait déjà dans la tradition talmudique, mais l'étude était devenue réservée à une élite. La pensée devenait dogmatique, idéologique.

On peut saisir la mutation hassidique dans cette petite histoire qui peut être considérée comme le paradigme de la révolution culturelle et existentielle apportée par le hassidisme.

> Un disciple vint voir son Maître qui lui demanda : « Qu'as-tu appris ? »
> Le disciple répondit : « J'ai traversé trois fois le Talmud », et le Maître lui dit : « Mais est-ce que le Talmud t'a traversé ? »

Le hassidisme a redonné à l'étude toute sa dimension subjective et existentielle.

42. Qu'est-ce qu'une étude existentielle ?

Pour comprendre la dimension existentielle de l'étude introduite par le hassidisme, il faut la comparer à une autre approche que nous intitulons approche historique. Celle-ci s'est rencontrée dans l'histoire avant le hassidisme et après lui. Mais le hassidisme a ouvert une nouvelle voie qu'il devenait impossible d'ignorer.

Le hassidisme opère ce qu'on pourrait appeler une révolution copernicienne, dans le même sens que la philosophie critique l'a entendue, c'est-à-dire une révolution dans la méthode, dans le rapport aux choses. Au lieu de rechercher les propriétés les plus générales de l'être, à la manière de l'ontologie traditionnelle, il s'agit de retrouver l'homme oublié sous le poids des objets et de leur vérité. L'étude classique tel qu'un certain courant l'avait développée et imposée avait transformé le texte, la Tora et le Talmud en un simple objet d'exploration technique, voire mathématique, et avait exclu de son horizon le monde concret de la vie. Plus l'homme préhassidique avançait dans son savoir, plus il perdait des yeux et l'ensemble du monde et soi-même, sombrant dans l'oubli de l'homme et du « visage humain ».

Ce que nous appelons méthode historique objective, ou encore scientifique, c'est-à-dire qui est entreprise en vue d'un *savoir,* consiste à vouloir comprendre le texte, les textes.

Le hassidisme veut comprendre l'homme. Pour lui, « comprendre un texte, c'est toujours d'abord se comprendre devant le texte ».

Insistons encore sur la méthode historique des textes, le contrepoint avec la recherche existentielle sera d'autant plus parlante.

a) **L'approche historique** des textes est la méthode historique qui considère le passé appartenant résolument à l'Histoire. Le passé ne devient intelligible qu'après médiation savante et critique de l'historien. Dans cette instance, les textes acquièrent une dimension mythique et sont considérés comme un « tissu mythogène de survivance » que le savant essaie de déchiffrer. Il essaie de trouver, de reconstituer, de comprendre la vie des Hébreux dans le désert, la vie des Juifs à l'époque du Talmud, etc. Il nous montre comment la langue, le vêtement, l'habitat juif ont été empruntés au monde grec ou romain ; le philologue trouve son miel dans le déchiffrement de mots aux consonances perses, grecques ou latines, ce qui lui donne la possibilité de mettre en lumière des rapprochements ou des éloignements de coutumes, de mentalités et de mythes.

Malgré cette volonté et cet effort de connaître les textes et les traditions, l'historien garde ses distances ; en d'autres termes, il fait en sorte que le passé reste le passé et le présent, le présent. La méthode historique consiste à objectiver la tradition et à éliminer méthodiquement toute influence que pourrait exercer sur la compréhension le présent dans lequel vit l'historien.

L'interprète-historien aborde son objet d'étude avec une règle précise : « Seul comprend celui qui sait se tenir hors du jeu. »

A qui s'adressent les textes de la Tradition ? Pour l'historien, la réponse à cette question est très simple ; à tous, sauf à lui-même. Suivant cette façon dont s'interprète la méthodologie des sciences humaines, on peut dire que l'interprète imagine un destinataire pour tout texte, que celui-ci soit expressément désigné par le texte ou non. Le destinataire est dans tous les cas le lecteur premier avec lequel l'interprète se garde de se confondre. Il est impossible pour l'historien de se concevoir lui-même comme le destinataire du texte, de se soumettre à l'exigence d'un texte.

L'historien travaille à partir des hypothèses suivantes : il faut se transporter dans l'esprit de l'époque, penser selon ses concepts, selon ses représentations, et non selon sa propre époque pour atteindre de cette façon l'objectivité historique. Tout ceci revient à dire que la distance temporelle est un obstacle à la compréhension : compréhension objective. Ou bien, paradoxe : cette distance temporelle est ce qui justement rend possible la situation historique de l'interprétation. La connaissance objective ne pourrait être atteinte que sur la base d'une certaine distance historique. Cependant, même si cette mise à distance de l'objet conditionne une certaine objectivité et une certaine positivité de la recherche, apparaît aussitôt tout l'aspect négatif de la méthode historique reposant en fait sur l'hypothèse tacite qui énoncerait : une chose ne devient connaissable objectivement, dans sa signification durable, que si elle appartient à un contexte bien délimité. En d'autres termes, lorsqu'elle est assez morte pour ne plus présenter qu'un intérêt historique...

b) Pour **l'approche existentielle,** aucune distance temporelle ne sépare l'interprète du texte. On pourrait citer, en exergue de cette approche, ce célèbre texte de Midrach commentant le verset 15 du chapitre 29 du Deutéronome :

> *« Ce n'est pas avec vous seuls que je conclus cette alliance, ainsi que cette adjuration, mais encore avec quiconque se trouve ici présent aujourd'hui avec nous en présence de Dieu... et avec quiconque ne se trouve pas ici aujourd'hui avec nous. »*

Tous ceux qui vont naître dans le futur jusqu'à la fin de toutes les générations étaient présents avec eux au Mont Sinaï (Pirqué dé Rabbi Eliézer, chapitre 41).

L'attitude existentielle se fonde sur l'idée que chaque époque doit comprendre à sa manière le texte transmis. Le véritable sens d'un texte, tel qu'il s'adresse à l'interprète ne dépend pas de ces facteurs occasionnels que représentent l'auteur et son premier public. Du moins, ne s'y épuise-t-il pas.

Ainsi peut-on énoncer que le sens d'un texte — si c'est un grand texte — dépasse son auteur non pas occasionnellement, mais toujours : c'est pourquoi la compréhension n'est pas une attitude uniquement reproductive, mais aussi, représente toujours une attitude productive.

Il ne s'agit pas de mieux comprendre, mais de comprendre autrement. Dans ce cadre, la distance temporelle doit être considérée comme une possibilité positive et productive donnée à la compréhension. « Elle n'est donc pas un abîme béant, mais elle est franchie grâce à la continuité de provenance et de transmission à la lumière de laquelle toute tradition s'offre à nos regards »[56].

L'approche existentielle repose sur l'implication personnelle de l'interprète dans l'événement de la compréhension. L'interprète est littéralement « inter-essé » par le texte qu'il commente et comprend ; les idées propres de l'interprète sont, dès l'origine, impliquées dans la reviviscence du sens du texte; son horizon personnel devient déterminant. Mais il ne l'est pas à la manière d'un point de vue personnel qu'on maintient ou qu'on impose, mais plutôt comme une opinion ou une possibilité qu'on fait entrer en jeu, qu'on met en jeu et qui aide à une appropriation véritable de ce qui est dit dans le texte.

Le lecteur-traducteur-interprète existentiellement confronté aux textes ne cherche jamais dans un premier temps à remonter à une vie passée, à un sens passé. Son « comprendre » signifie la participation présente à ce qui est dit.

L'interprétation subjective précède la compréhension elle-même.

En fait, ce n'est pas le texte qui est compris, mais le lecteur. Il se comprend.

Comprendre un texte, c'est, dès l'abord, l'appliquer à nous-même. Mais cette application ne réduit pas le texte car nous savons que le texte peut et doit toujours être compris autrement.

43. L'homme a-t-il le droit d'innover de nouvelles interprétations ?

Pour le hassidisme, la première attitude face à la tradition est la contestation. Elle permet de faire obstacle à la transmission des stéréotypes caractéristiques des discours idéologiques.

Le hassidisme refuse que la parole d'un texte s'écoute au travers de la grille sémantisée et sédimentée d'un discours. On comprend pourquoi Rabbi Nahman de Braslav (1772-1810) tint un jour des propos si radicaux :

> « *Il y a des maîtres rabbiniques réputés pour leurs connaissances de la Tora. Ils possèdent une ample connaissance des textes et des interprétations données par leurs devanciers. Mais, précisément, de ce fait, ils sont dans l'impossibilité d'innover* (lehadech) *dans la Tora car ils sont trop savants.*
>
> *Lorsqu'un de ces maîtres va innover quelque chose, aussitôt son savoir gigantesque le trouble, l'enferme ; il commence à formuler de nombreux préliminaires et à faire le résumé de la synthèse de ses connaissances sur le sujet et, de ce fait, ses propres paroles s'embrouillent et il ne peut prononcer aucune parole nouvelle intéressante.*
>
> *Lorsque quelqu'un désire innover des paroles nouvelles (des sens nouveaux), il doit restreindre son savoir (littéralement : faire le Tsimtsoum en son esprit), c'est-à-dire faire le vide, ne pas se précipiter dans des considérations préliminaires connues qui embrouillent son esprit et qui ne sont pas nécessaires à l'innovation. Il doit faire comme quelqu'un qui ne sait pas et, seulement alors, il peut innover des sens nouveaux progressivement en ordre.*
>
> « *Celui qui veut innover des sens dans le Tora, il lui est permis d'innover et d'interpréter tout ce qu'il veut, tout ce qu'il aura la chance d'innover par son esprit, à condition qu'il n'innove pas de nouvelles lois.*
>
> *Et il est même permis d'innover dans le domaine de la Cabbale de R. I. Louria selon ses possibilités, tant qu'on n'innove pas de nouvelles lois.* »[57]

En fait, pour le hassidisme — et Rabbi Nahman en est une figure des plus paradigmatique — l'homme n'a pas seulement le droit d'innover mais il en a le devoir.

Innover ou mourir, telle est la devise.

Dans le texte des *Sihot haran* que nous venons de citer, Rabbi Nahman propose, d'une part, une méthodologie permettant d'accéder à la parole nouvelle, et, d'autre part, une critique virulente des maîtres (à entendre ici comme ceux qui pensent posséder une maîtrise sur leur parole et la parole des autres).

La méthode est connue ; nous ne sommes pas loin de la *docta ignorantia ;* c'est le « ne pas savoir », conséquence d'un **Tsimtsoum** de l'esprit. L'homme doit se retirer de « soi » pour pouvoir accéder à lui-même.

Le premier « soi » n'est pas véritablement « soi » ; il est construit, préfabriqué par les institutions. Le sujet est toujours d'abord le produit d'une préfabrication institutionnelle : « subjectivité préfabriquée ». Et lorsque l'individu commence à parler, il ne parle pas : il est parlé.

Ici se pose une question fondamentale : y a-t-il une « possibilité » d'échapper à cette situation ? Peut-on sortir de la subjectivité préfabriquée, de tous ces discours du prêt-à-parler par tous et par personne ? Le discours prêt-à-parler est le discours des institutions et celui de l'opinion. Ceci est compréhensible puisque la vocation de l'institution — vocation inconsciente parfois — est de créer de l'opinion, et donc de la non-parole et de la non-pensée.

S'instaure ici ce que l'on peut appeler une **capture sociale de la subjectivité.** Cela signifie que l'être et le texte entretiennent des relations profondes et fondamentales. Cela signifie que « la subjectivité, c'est d'abord cela : nous naissons pour incarner une certaine idéalité, une idéalité juridique, du sujet humain, en tant qu'exemplaires vivants, images nous-mêmes dans la reproduction de cette espèce particulière d'images que sont les textes, ces textes avec lesquels nous jouons notre identité dans la descendance sociale de la vérité »[59].

Si être, c'est être selon le texte (les institutions), selon l'opinion qui appartient à l'espace où tout ce qui se dit a toujours déjà été dit, continue d'être dit, ne cessera d'être dit, alors « être ou ne pas être » ne fait plus question puisque, de toute façon, on n'est pas, mais simplement « être été ».

Si l'homme est jeté dans l'être impersonnel de l'institution sociale ou religieuse (pour Rabbi Nahman, dans la parole des Maîtres sûrs de leur maîtrise) et s'il est impossible de faire advenir son propre monde, la question de l'être n'a plus d'importance (c'est-à-dire pour les tenants de cette idéologie). Ainsi pensé, l'homme est né avant sa naissance (naissance non-sens).

Tout ce que nous venons de dire peut entrer dans ce qu'on pourrait appeler une philosophie de la Totalité et du Neutre.

C'est à cette philosophie totalitaire de la totalité et de la neutralité (neutralisation du sujet) que s'oppose Rabbi Nahman et le hassidisme de manière générale.

Il veut faire échec à la *capture de la subjectivité* par la société, échec aux textes qui modèlent, en l'anéantissant, l'existence du sujet.

Ainsi l'apport essentiel du hassidisme est une pratique déconstructive de la langue et de la pensée.

Rabbi Nahman de Braslav précise, dans un autre texte :[60]

> « *Même un homme simple, s'il prend le temps de lire, s'il regarde les lettres de la Tora, il pourra voir de nouvelles*

choses, de nouveaux sens ; c'est-à-dire que, par un regard intensif sur les lettres, celles-ci commenceront à " faire de la lumière ", à se mélanger, à se combiner (cf. Yoma, 73b) et il pourra voir de nouveaux arrangements de lettres, de nouveaux mots, et il pourra voir dans le livre des choses auxquelles l'auteur n'a pas du tout pensé. Et tout ceci est possible même pour l'homme simple, sans efforts... Mais il ne faut pas s'essayer volontairement à cette expérience, car il se peut que, précisément, il ne voit rien, bien que tout ceci concerne aussi l'homme simple. »

Ce que veut dire Rabbi Nahman, c'est que tout grand texte pense au-delà de lui-même, son **pouvoir-dire** dépasse son **vouloir-dire ;** s'arrêter à ce que veut dire un texte, c'est passer à côté de la dimension transcendante qui l'exalte. Tout grand texte est le lieu d'une création particulière, d'une pensée originale qui suscite quelque chose qui ne pouvait pas l'être avant.

« *Cette création ne peut aller sans un déchirement, un éclatement de ce qui préexiste, brisure de l'horizon donné et recréation. Notre rapport véritable à un tel texte et à la pensée qui y est énoncée ne peut que viser à retrouver ce moment de déchirement créateur, cette aube différente et recommencée où, soudain, les choses revêtent un autre aspect dans un paysage inconnu.*

Cela implique que, pour nous, le texte du passé et la pensée qu'il contient deviennent des êtres nouveaux dans un nouvel horizon, que nous les créons comme objets de notre pensée dans un rapport autre avec leur être inépuisable ».[61]

C'est pour cela que, d'une certaine manière, aucune lecture « fidèle » n'est jamais importante et aucune lecture importante n'est jamais vraiment « fidèle ».

Pour le hassidisme, l'étude est un acte de résistance au « langage des institutions ». Cette résistance, véritable combat, rouvre les mots à leurs possibilités polysémiques. Tout a lieu dans la rupture, dans cet acte de **dé-signification.** Le langage unique, univoque, monosémique de l'institution étant le fondement de son totalitarisme, de son intolérance et de sa violence, il est important que par l'acte de dé-signification, le sujet et sa parole accèdent ou ré-accèdent à la liberté.

Il est d'ailleurs très significatif que la fête du Pessah (la Pâque), temps de la transmission aux enfants (et ainsi ouverture du temps à lui-même) soit fondée sur la transmission de la capacité subversive du langage. Transmettre la liberté passe par la possibilité d'une lecture subversive des textes fondateurs. La liberté passe par la possibilité de sortir de la « gravure » de la Loi sur les Tables de pierre : *Al Tiqra Harout éla Hérout* — « Ne lis pas “ gravées ” mais “ liberté ” »[62].

Lorsque Rabbi Nahman insiste à plusieurs reprises sur ce point : « à condition qu'il n'innove pas de lois nouvelles », ce n'est pas la nouveauté de la loi qui le dérange, mais la loi elle-même qui, venant s'ajouter aux lois, renforce la parole institutionnelle. La loi supplémentaire est refusée parce qu'elle renforce l'institution et les gardiens de son idéologie, au lieu de l'affaiblir et de la détruire. L'homme se construisant continuellement par l'interprétation, son devenir n'est possible que dans l'inlassable succession du **faire** et du **dé-faire du sens,** du **lire** et du **dé-lire du texte.** Le rôle de l'interprétation est clair. Il ne s'agit pas de répéter, de paraphraser le texte de départ, mais, littéralement, de décoller, d'aller « Au-delà du verset », de passer du texte à son propre texte. Par cette lecture créatrice, le lecteur naît véritablement ; après une naissance biologique, puis une naissance juridique — institutionnelle et sociale, le sujet naît en tant qu'individu différencié. Il y a passage d'un « texte sans sujet »[63] à un « texte avec sujet ». Le geste de contestation de Rabbi Nahman à travers son texte des *Sihot Haran* (n*267) qu'on pourrait intituler « Petit manifeste pour un droit à la subjectivité » est un geste politique.

Par ce geste, la Loi et ses commentaires ne sont plus paroles inspirées qui n'appartiennent qu'à certaines bouches, mais paroles démocratiques appartenant à tout être humain.

On peut voir ici l'influence du nihilisme shabataïste et, encore plus nettement, frankiste, mais dans un univers où la négation est sublimée en mouvement de transcendance.

44. Le hassidisme : collectivité ou individu ? L'importance de chacun

Le droit et le devoir d'innover que l'on vient de souligner, montre bien la place de l'individu et de la personne concrète.

Une des idées maîtresse du hassidisme est cette responsabilité qui est conférée à chacun.

Par l'innovation, l'homme se construit et fait obstacle à sa négation par le généralisme des pensées préfabriquées mais, de plus, comme la nouvelle interprétation est *son* interprétation, il prend conscience de manière responsable du chemin individuel et collectif qu'il se doit de construire.

> *On comprend alors que pour le hassidisme, « chaque personne née en ce monde représente quelque chose de nouveau,*

quelque chose qui n'existait pas auparavant, quelque chose d'original et d'unique.

C'est le devoir de toute personne en Israël de savoir apprécier qu'elle est unique en ce monde par son caractère particulier et qu'il n'y a jamais eu quelqu'un de semblable à elle, car s'il y avait eu quelqu'un de semblable à elle, il n'y eût nul besoin pour elle d'être au monde. Chaque homme pris à part est une créature nouvelle dans le monde, et il est appelé à remplir sa particularité en ce monde. La toute première tâche de chaque homme est l'actualisation de ses possibilités uniques, sans précédent et jamais renouvelées, et non pas la répétition de quelque chose qu'un autre, fût-ce le plus grand de tous, aurait déjà accompli. C'est cette idée qu'exprime Rabbi Zousya peu avant sa mort : « dans l'autre monde, on ne me demandera pas : Pourquoi n'as-tu pas été Moïse ? On me demandera : Pourquoi n'as-tu pas été Zousya ? » [64].

A ce texte de Martin Buber, fait écho celui-ci d'Emmanuel Lévinas :

> « *Le rapport personnel — subjectif — au texte, la « Révélation » en tant qu'en appelant à l'unique en moi, voilà la signifiance propre du signifié de la Révélation. Tout se passe comme si la multiplicité des personnes — ne serait-ce pas le sens même du personnel ? — était la condition de la plénitude de la « vérité absolue » comme si chaque personne, par son unicité, assurait la révélation d'un aspect unique de la vérité, et que certains de ses côtés ne se seraient jamais révélés si certaines personnes avaient manqué dans l'humanité ». Ceci suggère que la totalité du vrai est faite de l'apport des personnes multiples : l'unicité de chaque écoute portant le secret du texte, la voix de la Révélation précisément en tant qu'infléchie par l'oreille de chacun serait nécessaire au Tout de la Vérité !* » [65].

C'est cette même idée qu'expriment les textes du hassidisme en la formulant de la manière suivante : chaque homme est une lettre ou une partie d'une lettre. Le livre est écrit dans sa totalité lorsqu'il ne manque aucune lettre. Chaque homme a l'obligation d'écrire sa lettre, de s'écrire, c'est-à-dire de se créer en renouvelant le sens, son sens.

45. L'homme hassidique énonce-t-il des vérités ? La sagesse de l'incertitude

Nous avons insisté sur le fait que comprendre et interpréter s'entrelacent d'une manière indissociable ; il y a là une critique essentielle à l'encontre de l'approche historique des textes. L'interprète-historien se leurre en croyant supprimer ou exclure toute participation subjective à la compréhension. En effet, « penser historiquement contient toujours, dès l'abord, une médiation entre ces principes et la propre pensée personnelle. Vouloir éviter ses propres concepts dans l'interprétation n'est pas seulement impossible mais manifestement absurde. Interpréter, c'est précisément mettre en jeu ses propres concepts préalables »[66].

Voici un court passage de Maïmonide dans son introduction au commentaire de la *Merkava* (« Le char céleste ») ; une des parties de la pensée juive où l'on aurait pu escompter l'objectivité du savoir, de l'interprétation, de la tradition et de la transmission.

> « *Ce que je crois posséder moi-même n'est qu'une simple conjoncture et une opinion personnelle. Je n'ai point eu là-*

> *dessus de révélation divine qui m'ait fait savoir que ce soit là réellement ce qu'on a voulu dire, et je n'ai pas non plus appris d'un maître ce que je pense, mais ce sont les textes des livres prophétiques et des discours des docteurs, ainsi que des propositions spéculatives que je possède, qui m'ont induit à croire qu'il en est ainsi. Cependant, il est possible qu'il en soit autrement et qu'on ait voulu dire tout autre chose* »[67].

Le but de cette citation n'est pas de nier l'existence de l' « inspiration » mais plutôt de suggérer qu' « il y aurait de l'inspiration dans l'exercice de la raison elle-même. Déjà le logos serait prophétique ! »[68].

Dès lors, le commentateur peut s'engager. Avec toute sa personnalité, ses expériences, ses lectures, en un mot, avec tout son vécu. Le commentaire n'est pas un texte désincarné, ni un texte orphelin.

Aussi faut-il se méfier de la volonté objectiviste ou pseudo-objectiviste qui dévoile plutôt une manière de se mettre en marge, en négatif, par rapport au sens du texte. **Le commentateur, en dépit de son refus, intervient inévitablement beaucoup plus qu'il ne le dit ou ne le croit lui-même...**

Dès lors, peut-être faut-il plutôt affirmer sa manière de cheminer au lieu de prétendre à l'illusoire transparence parfaite du commentateur idéal. Il faut se refuser à revendiquer une invisibilité « qui permettait de découvrir l'œuvre en vérité »... Le commentaire ne vient pas en second, derrière un texte dit premier, dans la mesure du moins où il cherche à « répéter un cheminement qui en fait n'a jamais été effectué ».

Même simple redite, le commentaire est déjà autre.

« Dans la répétition, ce qui se dit entre dans sa différence essentielle »[69].

Dans sa recherche, l'homme hassidique doute. Il ne recherche pas la vérité, mais le sens. La question n'est plus : « Comment Dieu a-t-il créé le monde ? », mais « Puisque le texte me dit que Dieu a créé le monde, quel sens cela a pour moi ? ».

L'homme hassidique se situe toujours dans un mouvement, sortant de la certitude pour entrer dans l'inquiétude du « ne pas savoir » dont parlait Rabbi Nahman.

Il est essentiellement « chercheur », son travail est essentiellement une « recherche ». Chez Rabbi Nahman, ici proche de Kierkegaard, nous rencontrons le terme de « croyance » qu'on ne peut écrire qu'avec des guillemets pour ne pas l'entendre et ne pas le confondre avec la simple foi.

Pour l'homme hassidique, il y a toujours des combats à mener, des possibilités de défaites à envisager. Situations à choisir sans repos. L'homme hassidique ne connaît pas de certitude extérieure, une fois pour toutes, confortable. Dans la « croyance » qui reste encore « recherche », il y a toujours un « pour » et un « contre », et lorsqu'on choisit le « pour », on sait très bien que le doute peut énoncer le « contre ».

La « recherche » ou la « croyance » est un paradoxe : l'assomption du « il y a » et du « il n'y a pas » en même temps ; *hyperdialectique* d'une tension infinie de deux contraires qui ne se résorbent pas dans un troisième terme de synthèse. Le terme positif n'annule jamais le terme négatif et il ne s'agit pas d'un équilibre stable entre les deux mais d'un va-et-vient continuel, tantôt accentuation de l'un, tantôt accentuation de l'autre[70].

L'homme hassidique comme « chercheur éternel » a

opté (de manière non définitive, sinon il aurait choisi, une fois pour toutes et se serait enfermé dans un système) pour une « **philosophie de la caresse** » où il n'y a jamais de prise, d'emprise de manière définitive. Au contraire, il y a production d'à venir. Ici, émerge une « **sagesse de l'incertitude** », d'une incertitude objective. Ce qui se dit de la foi peut être transposé à d'autres perceptions mondaines :

> « *Ai-je la foi ? De cela, je ne puis avoir aucune certitude immédiate, car la foi est précisément cette oscillation dialectique qui, dans le tremblement et la crainte, ne désespère pourtant jamais. Elle est ce souci infini au sujet de soi-même, ce souci de savoir si on a la foi, et c'est ce souci qui est la foi* »[71].

Pour le « chercheur », pour l'homme hassidique, il n'est qu'une certitude, celle du risque de l'absolu.

Lorsque Rabbi Nahman affirme que « le monde est un pont étroit, jeté sur l'abîme » où l'homme risque de tomber à chaque instant d'un côté ou de l'autre, il signifie l'incertitude objective de l'homme, face au monde, face à l'Autre de lui-même. C'est en effet le mouvement d'incertitude qui est notre signe de relation avec l'Autre ; cette incertitude est le signe même de la « croyance ».

C'est lorsque l'individu n'est pas assuré de sa relation avec l'Autre qu'il y a relation avec l'Autre. Dans le domaine de la foi, « c'est lorsque l'homme n'est pas assuré de sa relation avec Dieu qu'il y a relation avec Dieu. Malheureux ceux qui croient être en relation avec lui car ils ne le sont certainement pas ». [72]

46. Que signifie la « vérité » dans le domaine hassidique de l'interprétation ?

Le hassidisme souligne une idée fondamentale, déjà énoncée et inventée par les maîtres du Talmud, mais qui a été oubliée.

Le peuple juif n'est pas le « peuple du livre » mais le « peuple de l'interprétation du livre ».

La lecture est l'activité essentielle du juif qui, par elle, se refuse à tous les déterminismes sémantiques qui le préfabriqueraient dans une certaine détermination d'être. La lecture est un geste philosophique et aussi un geste politique.

La lecture n'est pas un référendum où le lecteur n'aurait qu'un choix entre le oui et le non, entre l'acceptation et le rejet. La lecture est un geste politique car la liberté de l'interprétation est aussi une liberté qui touche l'existence. Dans la suite de ce que nous avons appelé « le manifeste de Rabbi Nahman de Braslav », nous devons citer ce très beau texte de Serge Viderman :

> *« Le texte devient le lieu d'une expérience singulière privilégiée, d'une recréation dont chaque lecteur peut devenir le centre, pour peu qu'il veuille sortir de cette passivité où il s'appauvrit, qui l'isole du texte dont le sens lui échappe toujours en grande partie et nécessairement, puisque fixé par l'auteur, n'appartenant qu'à l'auteur, le lecteur n'y a aucune part.*
>
> *Que le lecteur apprenne qu'il n'est pas le spectateur ébloui ou ennuyé d'une histoire faite ailleurs avec laquelle il n'a pas*

maille à partir. Qu'il sache seulement que le texte lui parle de lui et de sa propre histoire et aussitôt lui apparaîtra la pluralité des sens possibles. Le lecteur apprendra que le texte lui apporte dans un langage codé qu'il n'appartient qu'à lui de décoder, le souffle nocturne de sa vie la plus lointaine, ensevelie, indiscible.

C'est dire qu'il n'y a pas un sens fixé du texte, que la vérité du texte est partout et nulle part, que chacun a le pouvoir de faire exister des sens, de décider des sens... »[73].

La vérité d'une lecture n'est pas la vérité du texte, comme la vérité d'une proposition du monde n'est pas la vérité du monde.

Il n'y a pas un sens vrai du texte qui est révélé par l'interprétation, mais il y a une interprétation vraie d'un texte. Et la vérité n'est pas l'adéquation à quelques présignifications déjà existantes, mais elle réside dans l'ouverture à... Lorsque la lecture dénoue, délie, et qu'elle ouvre à une autre perspective de monde, lorsque « interpréter un texte, ce n'est pas lui accoler un sens, même fondé, mais tenter d'apprécier de quel pluriel il est fait, de quelle dynamique il est porteur, alors il y a vérité ![74]. Le mensonge est de l'ordre du « nœud ».

L'hébreu propose cette réflexion dans l'identité des lettres qui composent le mot *chéquer(chin qof réch),* le « mensonge », et le mot *quéchèr (qof chin réch),* le « nœud ». Le « mensonge » est de l'ordre de l'enfermement et d'un temps répétitif et piétinant ; il est aussi le « mal dire » qui, glissant vers le « mal à dire », produit l'aspect pathologique d'une situation. A l'opposé, la « vérité » est l'ouverture du dire, respiration, souffle ouvrant vers l'avenir.[75]

47. Comment faire une lecture hassidique ?

S'il fallait trouver un mot qui exprime de la manière la plus adéquate ce que doivent être le commentaire, l'interprétation, nous proposerions le mot « ouverture ». Pourquoi « ouverture » ? Le mot n'a pas ici le sens hébraïque de *Petiha* qui en serait la traduction. En hébreu, *Petiha* signifie « introduction » dans le sens d'un historique et d'un aperçu général de l'œuvre.

« **Ouverture** » est entendu ici dans le sens de l'expression du Midrach et du Zohar, « Patah véamar » — *il a ouvert et il a dit* — que l'on rencontre à l'orée du Dire. « Il a ouvert et il a dit », il a brisé le verset et il a dit. Brisure donc, ouverture du mot, de ce *téva* qui est aussi une boîte, un volume.

Eclatement d'un espace littéraire : le texte ne sera plus abordé dans sa linéarité, mais dans sa spatialité, son volume. Ou peut-être doit-on dire que l'éclatement du texte est ce qui va permettre le passage du texte-ligne au texte-volume. Tous les éléments du texte vont être sujets à cet éclatement, cette ouverture : les lettres, les mots, les phrases, les livres... Ouverture jusqu'à l'effacement des lettres, des mots, des phrases et des livres... Pour illustrer ce que nous entendons par « ouverture », nous voulons citer ici une très belle page de Jankélévitch de son livre **Quelque part dans l'inachevé**[76]. Titre-lieu où doit justement mener l' « ouverture ». Il n'y a pas dans cette page les règles précises de l'herméneutique hassidique, mais déjà, de manière intuitive, on est installé dans le processus de l'ouverture.

« *L'étude consiste à penser tout ce qui dans une question est pensable, et ceci à fond, quoi qu'il en coûte. Il s'agit de démêler l'inextricable et de ne s'arrêter qu'à partir du moment où il devient impossible d'aller au-delà ; en vue de cette recherche rigoureuse, les mots qui servent de support à la pensée doivent être employés dans toutes les positions possibles, dans les locutions les plus variées. Il faut les tourner, les retourner sous toutes leurs faces, dans l'espoir qu'une lueur en jaillira, les palper et ausculter leurs sonorités pour percevoir le secret de leur sens ; les assonances et résonances des mots n'ont-elles pas une vertu inspiratrice ? Cette rigueur doit être atteinte parfois au prix d'un discours illisible ; il s'en faut de peu, en effet, qu'on ne se contredise ; il suffit de continuer sur la même ligne, de glisser sur la même pente, et l'on s'éloigne de plus en plus du point de départ, et le point de départ finit par démentir le point d'arrivée.*

C'est à ce discours sans failles que je m'astreins, à cette strenge Wissenschaft, *science rigoureuse, qui n'est pas la science des savants et qui est plutôt une ascèse. Je me sens provisoirement moins inquiet lorsque, après avoir longtemps tourné en rond, creusé et trituré les mots, exploré leurs résonances sémantiques, analysé leurs pouvoirs allusifs, leur puissance d'évocation, je vérifie que je ne peux décidément aller outre.*

Certes, la prétention de toucher un jour à la vérité est une utopie dogmatique, ce qui importe, c'est d'aller jusqu'au bout de ce qu'on peut faire, d'atteindre à une cohérence sans faille, de faire effleurer les questions les plus cachées, les plus informulables, pour en faire un monde lisse ».

48. L'homme peut-il s'emparer du texte et énoncer des paroles dogmatiques et idéologiques ?

Mais il ne faut pas tromper ! Le monde lisse dont parle Jankélévitch ne permet pas de se saisir du texte, de comprendre le sens. Car l'existence des niveaux de signification et des règles d'interprétation rend caduque la possibilité de s'approprier le texte, et donc d'en annuler l'altérité et l'extériorité. En un mot, l'interprétation, les interprétations n'entament jamais le texte, ne mordent jamais dans la chair du texte[77]. Là est le gage de sa richesse inépuisable.

Les signes — ici, les objets, les versets bibliques, les personnes, les situations, les rites — fonctionnent comme signes parfaits :

> « *Quelles que soient les modifications que le devenir introduit dans leur texture sensible, ils conservent leur privilège de révéler les mêmes significations ou les aspects nouveaux de ces mêmes significations* ».[78]

Signes parfaits car :

> « *Jamais la signification de ces symboles ne donne plein congé à la matérialité des symboles qui la suggèrent et qui conservent toujours quelque puissance insoupçonnée de renouveler cette signification, jamais l'esprit ne donne congé à la lettre qui le révèle. Bien au contraire, l'esprit éveille dans la lettre de nouvelles possibilités de suggestion* ».[79]

En tant qu'ensemble de signes parfaits, le Texte n'est jamais atteint. On peut dire qu'il est *caressé*. Ainsi, malgré le travail d'analyse, de recherche, d'éclatement, de mise à nu, le texte se dérobe, reste inaccessible, toujours à venir. Il se présente pour se retirer aussitôt. Le texte sera « visible et invisible »[80], ambiguïté, clignotement de sens, énigme.

Mais le Texte ne se dérobe que si on le laisse se dérober ; l'interruption de la démonstration de la transcendance, le mouvement de retrait nécessaire dépend avant tout et essentiellement de l'interprète, de sa manière d'être en face du texte, de sa manière d'approche. Cette manière d'être, nous l'appelons la « caresse ».[82]

49. L'expérience de l'étude hassidique : la « Caresse »

Le rapport au texte à la manière hassidique, nous le définissons comme *caresse* :

> « *La caresse consiste à ne se saisir de rien, à solliciter ce qui s'échappe sans cesse de sa forme vers un avenir — jamais assez avenir —, à solliciter ce qui se dérobe comme s'il n'était pas encore* »[85].

En un mot, la caresse est recherche. Dans cette recherche, la caresse ne sait pas ce qu'elle cherche. Ce « ne pas savoir », ce « désordonné fondamental » est l'essentiel de cette manière d'être. Le rapport au Texte autorisant la transcendance des voix du Texte sera donc comme « un jeu absolument sans projet ni plan ».[86]

L'étude hassidique comme recherche permet véritablement de « faire » une expérience. On peut opposer à ce niveau les expressions « avoir » une expérience et « faire » une expérience[87].

« Avoir » renvoie à la possession, au connaître, à l'installation dans la satisfaction, à la confiance que procure l'acquis ; dans l' « avoir », l'expérience est confirmée par la répétition. Mais en tant qu'expérience répétée et confirmée, elle n'est pas quelque chose qui se « fait nouveau ». Dès lors, on prévoit ce qui auparavant était inattendu. « Avoir » une expérience du Texte, c'est le comprendre, s'en saisir, le posséder, parce qu'il se fait corps dans et par la répétition ; nous rentrons alors dans le « destin ». Et devenant visible, préhensible, le Texte prend la forme et le statut d'une idole. Son langage devient totalitaire : « langue de bois qui reste figée dans des significations posées et imposées une fois pour toutes sans regard pour des situations et des expériences qui ont pu changer ». Texte-idole qui est « posé et qui écrase à la fois par son poids et son invariance »[88].

Il s'agit de « faire » une expérience avec le Texte. Etudier ne signifie plus alors savoir à l'avance le résultat de la recherche. Rien ne doit correspondre à notre attente. « Faire une expérience est toujours, pour commencer, une expérience de la négativité : la chose n'est pas telle que nous le supposions. Notre savoir et son objet se modifient tous deux avec l'expérience d'un autre objet »[89].

« Faire » une expérience, c'est s'inscrire dans l'ouverture, dans l'ouvrir. Ainsi l' « homme d'expérience » — dans notre contexte, l'interprète — n'est pas seulement celui qui est devenu tel grâce à des expériences (acquises), mais celui qui est ouvert à des expériences : au ***hidouch.***

> *« La plénitude d'expérience, la plénitude d'être de celui que nous disons expérimenté ne consiste pas en ce que cet homme sait déjà tout et le sait mieux. L'homme d'expérience s'avère au contraire radicalement étranger à tout dogmatisme »* [90].

L'interprète fait une expérience par la *caresse* : ne se saisissant jamais de rien, « il renvoie tout sens à un autre sens et ainsi de façon infinie et négativement, de telle sorte que si l'on veut localiser (dans le Texte) un centre, une origine des significations, un dieu donc, qui lui donne son sens, on ne peut l'y trouver que dans le vide, le vide de langage, les *blancs de l'écriture* [91].

On comprendra alors pourquoi l'*étude* trouve sa mémoire graphique dans ***la lettre Lamed,*** la seule des vingt-deux lettres de l'alphabet hébraïque à dépasser la ligne d'écriture, à transgresser, à s'élancer « au-delà du verset ». Lamed, dernière lettre de la Tora.

50. Comment l'étude hassidique combat-elle l'idolâtrie ?

En fait, nous pouvons résumer le sens de l'étude hassidique comme combat contre l'idolâtrie. L'étude est à la fois un geste théologique et politique, mais le théologique n'est pas là où on l'attendait.

L'homme hassidique ne dit pas « Dieu est », car cette affirmation dogmatique est aussi idolâtre. Il ne dira pas non plus « Dieu n'est pas ». Il y a pour ainsi dire une nécessité d'athéïsme pour refuser le texte-idole. C'est pourquoi, le Texte sera insaisissable, imprenable, et ainsi il ne pourra prendre la forme ou la place d'une idole. Les cabbalistes expliquent que le Texte, la Tora et Dieu ne font qu'un (*Rahamana véqoudcha bérikh hou, had hou*). En refusant la prise du Texte, il y a aussi, du même coup, le refus de mettre la main sur le divin. Le rapport au texte et à Dieu est ainsi paradoxal : il faut s'éloigner, il faut la distance pour que le rapport à Dieu ne soit pas idolâtre. C'est ce qu'Henri Atlan nomme de manière radicale l' « athéisme de l'écriture ».

> « *Le premier souci de l'enseignement biblique n'est pas celui de l'existence de Dieu, d'un théisme par rapport à un athéisme, mais plutôt la lutte contre l'idolâtrie. Or, il y a un danger d'idolâtrie dans tout théisme. Tout théisme est une idolâtrie car l'expression le signifie et, par là, le fige ; sauf si, d'une certaine façon, son discours se nie lui-même et devient donc athée. Autrement dit, les paradoxes du langage et de ses significations sont tels que le seul discours sur Dieu qui ne soit pas idolâtre ne peut être qu'un discours athée. Ou encore, que dans tout discours le seul Dieu qui ne soit pas une idole est un Dieu qui ne soit pas un Dieu* » [93].

Tous les maîtres de la pensée juive, depuis les prophètes jusqu'aux maîtres contemporains, ont compris cela...

Le système d'interprétation — en dehors de sa nécessité pour le phénomène de la compréhension — a pour fondement la volonté de se refuser à l'idolâtrie. Le Texte, premier rapport à Dieu, ne doit pas se transformer en idole. La tentation idolâtrique est forte, qu'on se le rappelle, au lendemain de la Révélation, le Veau d'or : tentation de l'apparence et de la Présence. « L'idole nous livre le divin, en quoi elle ne trompe, ni ne déçoit ». [94] L'idole — et ici le Texte donné à l'emprise de la main, le manuel — rassure ; l'idole rapproche :

« Ce que l'idole travaille en effet à résorber, c'est précisément l'écart et le retrait du divin... Subvenant à l'absence du divin, l'idole met à disposition le divin, l'assure et, à la fin, le dénature. Son achèvement achève mortellement le divin. L'idole tente de nous approcher du divin, et de nous l'approprier : parce qu'il craint l'athéisme, l'adorateur met la main sur le divin dans la forme d'un dieu, mais cette prise en main perd ce qu'elle saisit : ne lui reste qu'une amulette trop bien connue, trop maniable, trop assurée... L'idole manque la distance qui identifie et authentifie le divin comme tel — comme ce qui ne nous appartient pas, mais nous advient »[95].

51. La structure de la langue hébraïque joue-t-elle un rôle dans cette révolution ?

La langue hébraïque comme les autres langues sémitiques, possède une racine triconsonantique, trois lettres — consonnes : les voyelles ne font pas partie de la racine (les textes hébraïques traditionnels sont en général écrits sans voyelles).

La racine hébraïque, formée le plus souvent de trois consonnes espacées, ouvre un champ de signification d'une ampleur extraordinaire ; elle déploie de multiples lectures, tout en demeurant au départ — dans son statut non vocalisé — dans une indétermination positive.

Ainsi l'hébreu présente-t-il un caractère d'inachevé qui exige du lecteur un parachèvement. Les voyelles — ou plus exactement les points-voyelles — renferment l'indétermination et l'ouverture de la racine et produisent lors de leur introduction, un son et un sens beaucoup plus restreint, permettant la communication verbale.

> « *Une même racine n'intègre pas toujours les mêmes voyelles, ce qui donne un noyau sémique malléable, plastique et souple* ».
>
> « *Le noyau du mot va jouer et se transformer. En modifiant les points-voyelles sur une même racine, le sens se modifie au point qu'on peut trouver une signification tellement différente qu'elle risque de nous désarçonner lorsqu'elle surgit* »[96].

L'absence des voyelles est d'une grande importance. Elle supprime l'exclusivité d'un sens, en laissant la racine dans son indétermination initiale, susceptible d'être diversement informée.

Ainsi nous sommes responsables des mots.

Un verset du livre des Nombres affirme que les enfants d'Israël partirent dans la montagne de Dieu pour un trajet de trois jours[97]. Le Midrach donne l'explication suivante :

> « *Que signifie : « ils partirent de la Montagne de Dieu un chemin de trois jours » ? Cela veut dire que les enfants d'Israël ont fui la montagne du Sinaï comme un enfant qui s'enfuit de l'école ayant trop appris* »[98].

Rabbi Yossef Rozin explique ce texte ainsi :

> « *Comme un enfant qui s'enfuit de l'école, c'est-à-dire ; ils n'ont pas voulu apprendre les lettres de la Tora comme des entités séparées mais ont préféré lire et étudier les mots entiers* »[99].

Ces commentaires mettent en cause un rapport au texte qui le saisit comme totalité déjà achevée, comme un objet à prendre et à assimiler, comme un manuel qui, dans son rapport à la main, annule la transcendance et l'extase du temps : enfermement dans le « main-tenant ». Cette attitude est considérée par le Talmud[100] comme une « faute » extrêmement grave qui suggère de « lire aux éclats » comme réparation de cette attitude négative. Ainsi faut-il comprendre que, pour la tradition hassidique :

Chaque lettre est un monde, chaque mot un univers.

Lire lettre après lettre, c'est sentir la constitution des choses, appréhender l'espacement qui existe entre chaque lettre. La lecture, ainsi stratifiée, spatialise le texte, l'ouvre en volume signifiant, le libère de sa pesanteur et de sa pétrification typographique.

La lecture hassidique représente en fait une expérience poétique qui essaie de saisir le balbutiement du langage et du monde qui se créent, qui tentent d'éclore dans la lumière. Expérience très proche de celle que décrit Bachelard, lorsqu'il écrit :

> « *Les mots — je l'imagine souvent — sont de petites maisons, avec cave et grenier. Le sens commun séjourne au rez-de-chaussée, toujours prêt au* « *commerce extérieur* », *de plain-pied avec autrui, ce passant qui n'est jamais un rêveur. Monter l'escalier dans la maison du mot c'est, de degré en degré, abstraire. Descendre à la cave, c'est rêver, c'est se perdre dans les lointains couloirs d'une étymologie incertaine, c'est chercher dans les mots des trésors introuvables.*
>
> « *Monter et descendre, dans les mêmes mots, c'est la vie du poète.*
>
> « *Monter trop haut, descendre trop bas est permis au*

> *poète qui joint le terrestre à l'aérien. Seul le philosophe sera-t-il condamné par ses pairs à vivre toujours au rez-de-chaussée ?* »[101].

Le lecteur par trop cérébral qui voudrait maintenir les mots dans la précision de leur sens, qui se saisirait des mots comme de mille petits outils d'une pensée lucide, ne peut que s'étonner devant les audaces du lecteur hassidique. Et pourtant, jamais les mots ne se cristallisent en de solides parfaits ; ne serait-ce que dans le langage quotidien, « au sens central du substantif s'agglomèrent des adjectifs inattendus. Une ambiance nouvelle permet au mot d'entrer, non pas seulement dans des pensées mais aussi dans des rêveries. Le langage rêve »[102].

Ce que Bachelard dit à propos de la phrase qui produit une nouvelle ambiance est vécu, au niveau du mot lui-même, dans le cadre de la pensée midrachique et talmudique ; car le mot est — si on le lit lettre par lettre — une phrase, une infinité de phrases.

Lire n'est pas l'agrégation du monde dans une parole, mais son éclatement. La lecture hassidique à l'opposé du logos grec ne cherche pas à récolter, à mettre à l'abri et à conserver. Comme dit Rabbi Yossef Rozin, il faut distinguer la « lecture des mots » et la « lecture des lettres », ***il faut laisser aux lettres la possibilité d'être lettres malgré l'existence des mots.***

La lecture hassidique ne se limite pas à une opération linguistique qui essaie de réduire le dire à un « vouloir-dire », de le ramener à l'ombre d'un sens, en brisant l'utopie du langage et en le ramenant à la topique des discours.

La lecture hassidique est une opération de ***dissémination*** qui restitue la vie, le mouvement et le temps, au cœur même des mots ; c'est ainsi qu'elle les constitue comme des œuvres d'art et les soustrait aux risques de l'idole. Ici, les mots ne sont plus finalisés par le sens mais par les sens. La lecture brise l'instance du sens et tous les éléments des textes, les mots, les syllabes, les consonnes, les voyelles se répondent et se parlent entre eux.

La lecture est révolution ; la vie redonnée au langage dans cette lecture « éclatante » est révolution.

> « *La révolution est partout où s'instaure un échange qui brise la finalité des modèles* »[103].

Ainsi la lecture incarne-t-elle une attitude de contestation face à la tradition. La lecture fait obstacle à la transmission des stéréotypes des discours idéologiques. La lecture des lettres est une « éducation » au sens premier de ce mot qui signifie « conduire au-dehors du chemin déjà tracé à l'avance ».

Lire les lettres et non les mots.

La lecture des mots est imposition d'une totalité qui nous dérobe le chemin difficile de l'assemblage d'une lettre à l'autre. La lecture des lettres, une à une, est rêverie d'un « autrement qu'être », qui aura déjà beaucoup plus de difficulté à s'invertir en un simple « être autrement ». **La lecture des lettres signifie l'exigence de la simultanéité du dire et du dédire** qui permet au monde de ne pas être enfermé dans les conditions de son énonciation.

52. Y a-t-il une dimension esthétique de la révolution hassidique ?

Continuons à voyager avec Rabbi Nahman de Braslav, maître des plus précieux pour nous faire découvrir le paysage hassidique.

La lecture existentielle peut s'articuler avec une dimension esthétique, avec une certaine vision et compréhension de l'art.

Rabbi Nahman de Braslav insiste constamment sur cette nécessité de recréation ; il n'y aurait d'écoute d'un texte qu'après l'avoir construit. Il cite pour appuyer cette intuition un verset des Psaumes dont la formulation surprenante conduit à une telle interprétation.

Il est écrit : *ossé devaro lichmoa beqol devaro*[104], ce que certaines traductions rendent par « ceux qui accomplissent sa parole, attentifs au son de sa parole ».

Une traduction plus littérale offre un sens plus juste[105] : « Faiseurs de sa parole, pour entendre la voix de sa parole ».

Rabbi Nahman commente :

> *« Car les justes sont « héros de la force », c'est-à-dire qu'ils font et construisent la parole de Dieu, c'est-à-dire « la langue sainte » par laquelle le monde a été créé...*
>
> *Car les justes sont de l'ordre des « faiseurs de sa parole », c'est-à-dire qu'ils fabriquent la parole par laquelle Dieu parle et crée le monde.*
>
> *Tout ceci a eu lieu avant la création du monde. Mais même maintenant, quand les justes veulent écouter une parole de Dieu, ils font d'abord la parole et la construisent, la*

fabriquent. C'est-à-dire : par leurs actions positives, ils atteignent la capacité d'écoute des paroles divines.

Il faut comprendre que ces paroles sont advenues et ont été construites par leurs mains.

Cela correspond à ce verset des Psaumes : « faiseurs de sa parole pour écouter sa parole » car lorsqu'ils veulent entendre la parole, ils fabriquent d'abord la parole : « faiseurs de paroles » ! et seulement après ils entendent cette parole, comme il est dit « pour entendre la voix de sa parole », car c'est dans cette parole que Dieu leur parle... »[106].

Ce texte absolument fondamental met en place une « logique de l'écoute » profondément révolutionnaire.

L'homme ne peut entendre quelque chose du texte que s'il construit *(boné)*, fabrique et fait *(ossé)* cette parole. Refus de la passivité du langage, l'homme ne s'installe pas dans un langage déjà constitué, préfabriqué mais il doit d'abord le modeler ; que ce soit par son propre langage, sa propre parole ou la parole de Dieu. Ce n'est pas l'inversion de la transcendance de la parole divine en son immanence radicale ; c'est au contraire une modalité essentielle de la possibilité d'une parole transcendante. Le fait que Rabbi Nahman parle de « mains », d' « actions » pour nommer la parole, insiste sur le côté actif de cette parole. Il généralise à sa façon le « quand dire, c'est faire » et, par là, il explique une « phrase-théorème » de la pensée juive : ***Naassé Venichma,*** dont l'explication souvent donnée est : « Faisons et nous comprendrons ». Agissons d'abord et nous réfléchirons ensuite. Il faut reprendre cet énoncé et comprendre : « Fabriquons d'abord les mots qui nous permettent de les entendre », faisons en sorte d'entrer dans l'activité du langage. Un langage qui construise un monde, et non pas le monde.

Les mots construits par les « faiseurs de paroles » ne sont pas des outils ou des instruments par lesquels le monde va être atteint ; **les mots construits sont des « œuvres d'art ».** Le « mot-œuvre d'art » est caractérisé par une « irréductibilité » au monde.

A ce point, il faut préciser la distinction entre l'instrument et l'œuvre d'art, faire émerger la différence entre une lecture instrumentale et une lecture artistique.

Le fait qu'un instrument fonctionnant correctement n'attire pas l'attention sur soi est le signe qu'il se réduit tout entier à son usage, au contexte du monde auquel il appartient radicalement.

L'œuvre d'art est au contraire précisément caractérisée, fût-ce dans l'expérience esthétique la plus commune, par le fait qu'elle s'impose comme digne d'attention par elle-même. Elle n'est pas réduite au monde auquel elle appartient, elle s'en détache, et même si elle mord sur le réel, comme dans le cas d'œuvres contemporaines (Duchamp par exemple), elle advient à l'œuvre par ce détachement qui est constitué en général d'un système de cadrage et de limitation signalant l'écart. Plus encore, cet écart et ce détachement n'ont pas pour fonction de souligner la provenance d'un quelconque monde mais au contraire d'indiquer un autre, un nouveau monde.

L'œuvre porte en elle-même son propre monde. Monde à venir qu'elle fonde, qu'elle institue. De ce fait, pour être saisie, elle n'a donc pas besoin d'être située historiquement dans un monde contextuel. L'œuvre d'art n'exprime ni ne témoigne d'un monde constitué : elle-même l'ouvre et le fonde. L'œuvre d'art est une radicale nouveauté. Dans notre terminologie, elle est un ***hidouch.*** Comme le hidouch, elle ouvre une perspective générale sur le monde qui entre en dialogue avec notre perspective et nous oblige à la modifier ou, du moins, à l'approfondir.

Rabbi Nahman met l'accent sur la nécessité de ce passage du « mot-instrument » au « mot-œuvre-d'art » : invention de nouveaux signifiants qui ne renvoient pas à des signifiés déjà existants ; recherche d'une parole autre, d'un projet de monde qui est ouverture.

Rabbi Nahman parle de « création du monde » ; il ne s'agit pas seulement de la création au sens cosmologique et cosmogonique, mais du monde dans lequel l'homme s'insère parce qu'il déploie un espace de projet. (On peut se demander d'ailleurs ce que peut signifier le midrach qui affirme qu'avant la création « réelle », Dieu a consulté la parole des justes à venir. Comme si la condition de la création reposait sur cette capacité créatrice et inventive portée par les justes, des générations ultérieures).

Le ***hidouch*** est le mot qui ouvre et éclaire un monde en proposant comme une nouvelle manière d'ordonner le monde. L'ouverture proposée n'est qu'une possibilité d'ouverture : c'est pourquoi l'on parle d'*un* monde et non *du* monde.

Le « mot-ouvrant » garde en réserve une multitude de sens. Il est le lieu du « visible et invisible » [107]. Aussi faut-il préciser ce sens de la « vérité » que nous avons définie comme « ouverture-à ».

Dans le « mot-hidouch », dans le « mot-œuvre-art », créateur de mondes, la vérité est à l'œuvre, non seulement comme ouverture et dévoilement mais aussi comme obscurité et dissimulation. Le « mot-ouvrant » devient ainsi le « mot-ouvrant-dissimulant », lumière et secret.

Une fois créé, ce mot attire l'attention sur lui, non seulement parce qu'il ouvre un monde en offrant une nouvelle perspective explicite, mais par le fait qu'il se présente toujours aussi comme une réserve supplémentaire de significations qui sont encore à découvrir. Cette idée d'un « monde » qui s'ouvre et se dissimule à la fois est pensée dans le Talmud[109] de la manière suivante : le « monde » se dit en hébreu ***olam*** *(ayin-lamed-mèm) ;* il peut être vocalisé de telle manière qu'on peut le lire ***elèm,*** qui signifie « caché »... Aussi, à ***léolam,*** on substitue ***léélem :*** à « pour le monde », on substitue « pour disparaître ».

Le « monde » est ce qui s'expose là devant nous, avec violence et impudeur, s'exposant avec clarté au regard ! C'est ce qui appartient à la possibilité d'être saisi par le regard, la pensée ou la main ; c'est ce qui est donné par un présent, dans un « maintenant », que je peux faire mien par un geste d'appropriation totale.

Cette mainmise ici sur le monde est de l'ordre du toujours présent, « main-tenant ». Le « monde » est ainsi exclu du devenir. Même si des choses apparaissent, leur apparition est déploiement, déroulement d'un sens toujours anticipable.

Avoir un « monde » au sens de ***olam,*** c'est échapper à l'incertitude propre au futur.

La lecture hassidique produit l'écart et l'éclat — peut-être entendons-nous ici pour la première fois le double sens de l'éclat, comme brisure mais aussi comme brillance. « Eclat » serait le lieu de cette lumière qui se retire et brille à la fois. « Lire aux éclats » expression qui nomme cette lecture hassidique, c'est se situer dans un ***léélem,*** dans un « pour la disparition », en effaçant le chemin qui mène inéluctablement vers... pour se situer dans un sillage dont on perd la mémoire et qui se fait trace.

Le ***éélem*** où le « monde » ***(olam)*** disparaît n'en permet plus la maîtrise ni la compréhension dans un « maintenant ». Voilà ce que nous nommons **la philosophie de la caresse...**

La dualité des lois, celle de la « loi écrite » et de la « loi orale » est ***olam*** et ***élèm,*** dévoilement et retrait. Le retrait de la loi orale recèle une réserve de nouveaux sens qui ne sont pas anticipables mais que la lecture créatrice va inventer.

Le « mot-construit », dont parle Rabbi Nahman à propos du Psaume 103, n'appartient pas seulement à une ouverture du monde, mais il ouvre et il institue cette ouverture même ; il ne produit pas seulement un changement à l'intérieur du monde, mais il modifie l'ouverture-même vers le monde, pour l'auteur d'un ***hidouch.***

L'homme lisant s'invente au fur et à mesure de sa lecture et se constitue ainsi une identité narrative.

Lecture existentielle.

53. Quelle est l'ambiance d'une maison d'étude ?

Désordre, brouhaha, gesticulation véhémente, allées et venues incessantes, ainsi se présente le ***Beth Hamidrach :*** la maison d'étude qui tient lieu de synagogue, et aussi, à de nombreuses occasions, de salle à manger. Les étudiants hassidiques n'ont pas la quiétude du moine. Le silence n'est pas la règle ; sur les tables rarement alignées, pêle-mêle, en plus des Guémarot, foisonnent des livres de la Tora, de Maïmonide, du Choulhan Aroukh ; des livres ouverts empilés les uns sur les autres.

Les étudiants — assis, debout, un genou sur le banc, ou la chaise — sont penchés sur les textes ; l'un à côté de l'autre, mais plus généralement l'un en face de l'autre, ils lisent à haute voix, se balançant d'avant en arrière, de gauche à droite, ponctuant les articulations difficiles du raisonnement avec de larges gestes du pouce, frappant frénétiquement les livres ou la table, voire l'épaule du compagnon d'étude, feuilletant avec fébrilité les pages des commentaires pris et remis rapidement dans les rayons de l'immense bibliothèque qui fait le tour de la salle. Les protagonistes de cette « guerre du sens » essaient de comprendre, d'interpréter et d'expliquer.

Rarement d'accord, heureusement, sur le sens du passage étudié, ils vont consulter le maître qui explique, prend position sur les thèses proposées, et calme pour un instant le combat passionné des consultants. Sur une autre table, plus loin, un étudiant s'est endormi, les bras croisés sur un texte du Talmud ; à côté de lui, un autre sirote un café et fume une cigarette en prenant un air méditatif, concentration nécessaire à la suite de l'étude. Tout bouge ! Le ***Beth Hamidrach*** connaît une effervescence ininterrompue où, de jour comme de nuit, résonnent les voix, le bruissement infini de l'étude[110].

Si nous avons tenu à donner cette description de la maison d'étude, c'est qu'elle nous semble révélatrice de la pensée talmudique et hassidique. Et c'est peut-être ici que nous pouvons sentir le mieux la dimension et la fonction politique du monde talmudique et hassidique, c'est-à-dire son aspect **anti-idéologique.**

54. Peut-on étudier en solitaire ?

La révolution hassidique consiste, nous l'avons montré, à sortir d'une parole dogmatique et institutionnelle. La parole hassidique ouvre la vie à elle-même, fait danser les choses et les êtres. La première dimension d'une parole anti-idéologique et anti-dogmatique est la situation de dialogue.

Le dialogue ou plus précisément la situation dialogique ne signifie pas l'accord. Ou peut-être, peut-il s'entendre comme « accord » au sens musical de ce terme, la pluralité des notes fait entendre une sonorité plus riche.

La différence d'opinion est un signe de bonne santé sociale.

L'éthique du hassidisme, tel qu'on le rencontre, par exemple dans les textes de Rabbi Nahman de Braslav, est essentiellement la signifiance ininterrompue du sens, et pour ce faire, le hassidisme redonne à chacun la possibilité de produire sa propre opinion.

Avoir une opinion ne signifie pas adhérer à une croyance dogmatique acceptée de confiance : l'opinion se veut pure décalque de la diversité des aspects du monde.

Contrairement au concept, au dogme et à la vérité qui présuppose l'Unité, l'Un de la réalité, l'opinion a pour caractéristique de pouvoir s'opposer à des opinions autres, voire diamétralement opposées qui, toutes, reflètent plusieurs aspects d'une réalité ontologiquement plurielle.

La parole plurielle a un nom : comme dans le Talmud, elle se nomme ***Mahloquèt.***

Les échecs et les dérives historiques des courants messianiques ou pseudo-messianiques, la nécessité d'instituer une loi pour tous pour permettre une vie collective ont produit une méfiance vis-à-vis de l'opinion et de la libre pensée. La génialité de la parole talmudique et midrachique en sa conception dialogique a été complètement oubliée, voire occultée.

La pensée hassidique dans son essence veut renouveler, renouer avec cet aspect fondamental du texte et de l'esprit talmudique.

La ***Mahloquèt*** veut dire, et nous répondons ainsi à la question, qu'il est impossible de se retrouver seul face aux textes.

Le hassid cherche toujours un compagnon d'étude pour se « heurter » avec lui.

55. Quelle est l'importance du dialogue dans le hassidisme ?

Nous allons procéder ici en deux temps. Après un exposé de la ***Mahloquèt*** telle que nous pouvons le rencontrer dans le Talmud nous montrerons la formulation plus hassidique que lui a donnée Rabbi Nahman de Braslav, en insistant sur la parole comme questionnement.

En une typologie rapidement esquissée, on peut opposer un monde « unidimensionnel »[111] à un monde « bidimensionnel ».

Le monde talmudique est bidimensionnel, et c'est en cela qu'il est foncièrement anti-idéologique. Le talmudiste — le « vrai » — ne dit jamais : « Nous » ; et il n'a pas, non plus, le droit de dire : « Le Talmud dit... »

Il peut dire : « Il existe une opinion dans le Talmud qui énonce... mais il existe aussi dans un même temps une opinion qui dit juste le contraire... »

La première chose que remarque le lecteur du Talmud est l'importance du dialogue dans la mise en chantier de la pensée. Rares sont les sujets sans controverses, à tel point que lorsque l'on parle d' « une » notion on dit : *Mahloquèt ploni véploni,* c'est-à-dire : « discussion entre tel (maître) et tel (maître) »[112]. La pensée talmudique est souvent formulée de manière polémique entre : Hillel et Chamaï, Rav et Chmouel, Rav Houna et Rav Hisda, Abayé et Rava, Rabbi Yohanan et Rech Laquich, etc...

Dans la ***Mahloquèt,*** la conciliation n'est pas recherchée. Si l'on veut utiliser le terme de dialectique — souvent employé pour la démarche talmudique — il faut parler de « dialectique ouverte », car aucune synthèse, aucun troisième terme ne vient supprimer la contradiction. « Tout ne s'apaise pas dans le " Même ", dans l'identité de l'identique et du non-identique »[113]. La ***Mahloquèt*** est une façon de dire et de penser le refus de la synthèse et du système : anti-dogmatisme qui, seul, rend possible une vérité vivante.

A propos des discussions talmudiques, le Talmud dit : « Les paroles des uns et les paroles des autres sont paroles du Dieu-vivant. »

Il faut comprendre cette phrase sous une forme conditionnelle : « *Si* il y a paroles des uns *et* paroles des autres, *alors,* ce sont là des paroles du Dieu-vivant, et, de ce fait, paroles vivantes »[114]. Le rôle de la ***Mahloquèt*** est de déjouer la satisfaction, de déjouer « le savoir où la pensée se montre toujours à son échelle »[115].

Mieux, la ***Mahloquèt*** nous mène sur le chemin d'une pensée non conceptuelle. En effet, dans la pensée conceptuelle, « le divers se rassemble dans la présence de la représentation ; acceptant la synchronie, il confirme son aptitude à entrer dans l'unité d'un genre ou d'une forme : tout se laisse penser ensemble : Pensée de la Présence » Ibid.[116]. Pensée du « Tout-est-présent-ici-et-maintenant ».

La ***Mahloquèt,*** elle, montre justement que tout ne peut

se résoudre au « Même », tout ne peut pas se prêter à la synchronie et à la synthèse ; que la perception n'est pas seulement un « com-prendre », un « saisissable ».

La ***Mahloquèt*** fait éclater la structure immanente de la pensée synthétique et réductrice ; elle ébranle la quiétude d'une vérité une, vérité qui s'endort et s'oublie à force de ne plus être pensée.

La ***Mahloquèt*** est la seule possibilité pour l'événement de la pensée de se déployer en une pensée pensante ».

La ***Mahloquèt :*** combat contre la « pensée pensée », c'est-à-dire contre la mort de la pensée et, comme dit le « Maharal » de Prague, contre la mort[117].

En effet, dans le mot ***Mahloquèt,*** on peut lire *M-hlq-t,* qui signifie que la dualité refuse au mot « mort » *(mèt)* la possibilité de se constituer. La structure logique de la ***Mahloquèt*** est celle du « livre[118] ». Écriture et effacement (trace), dire et dé-dire.

Dès qu'un Maître propose une pensée, son interlocuteur l'ébranle de se position, de sa positivité : déstabilisation incessante, pensée athétique qui résiste à la synchronisation, ménageant ainsi un séjour à l'infini[119].

56. Qu'est-ce qu'une « Dialectique ouverte » ?

Pour définir la ***Mahloquèt,*** est apparue précédemment l'expression « dialectique ouverte », qui signifie que l'esprit s'ouvre à la reconnaissance de l'altérité d'un autre esprit : transcendance du moi comme acceptation de sortir du monde : constitution de « l'Autre » devant moi. Voici trois points de repère qui permettent de préciser cette notion de « dialectique ouverte »[120] :

— Tout d'abord, l'étude et la pensée ne sont possibles qu'à partir d'une expérience du dialogue.

— Ensuite, le dialogue n'est pas un simple échange d'idées, mais « questions-réponses » ***(chéélot-ou-téchouvot)***.

— Enfin, l'interrogation et la réponse n'évoluent pas aux sein de la même sphère de pensée [121].

Dès lors, deux types d'expérience de dialogue, deux types de dialectique peuvent être opposés.

La ***Mahloquèt*** talmudique et hassidique sera « dialectique transcendante », car l'Autre-homme du dialogue n'est pas un effet de style ; l'interlocuteur n'a pas pour rôle de mettre en valeur celui qui parle. Pour faire mieux comprendre ce qu'est le dialogue talmudique, on peut l'opposer à ce qu'il n'est pas : on peut ici évoquer Platon et les dialogues dits « platoniciens ». « La référence à Platon n'est éclairante que négativement. Elle nous aide à écarter tous les faux-semblants de dialogues. Le dialogue socratique n'est pas un véritable dialogue, en ce sens qu'il s'inscrit tout entier dans le postulat de l'unité de la Raison comme lieu de la vérité, même si ce lieu est, en un sens, encore à découvrir, lui qui est pourtant toujours déjà là.

Pour Platon la Vérité comme Vérité est « Une » et on l'atteint par la réminiscence. Le dialogue devient alors ruse du logos, et la dualité des personnages et des voix qui se font entendre ne sont qu'un chemin vers l'Un. Le dialogue est purement dialectique, forme ornementée et éminemment habile du discours » [122].

En ce sens la dialectique platonicienne est une « dialectique immanente ». L'interlocuteur, dans bon nombre de cas, se contente de dire : « Oui... ! », « Non... », « C'est exact... », « Je le pense aussi... », etc. C'est en fait le personnage central du dialogue qui formule les questions et les réponses [123].

> « *Tout se passe à l'intérieur d'une même conscience ; discours intérieur où la pensée se scinde, facticement, en ayant l'air de s'interroger et de se répondre mais où finalement tout se renoue* » [124]. *Dans la « dialectique immanente », la pensée reste la même, « elle passe d'un terme à un terme contraire qui l'appelle, mais la dialectique où elle se retrouve n'est pas un dialogue ou, du moins, c'est le dialogue de l'âme avec elle-même, procédant par questions et réponses, discours intérieur dans lequel l'esprit en pensant n'en demeure pas moins un et unique, malgré ses démarches et son va-et-vient où il peut s'opposer à soi* » [125].

Le Maître du Talmud et le censeur hassidique, à un certain moment de sa recherche, sait qu'il sait ; son étude dans le dialogue ne vise donc pas à conforter un savoir préalable. Tout au contraire, il cherche à être ébranlé, inquiété, mis en échec, débordé [126].

Apprendre n'est pas l'acquisition d'un savoir déjà là, se trouvant de toute éternité chez l'élève ; apprendre n'est pas « réminiscence » et l'enseignement n'est pas une « maïeutique ».

57. Le hassidisme : une pensée du questionnement.

La ***Mahloquèt*** comme fondement de la pensée talmudique et hassidique est liée essentiellement à une certaine conception de l'herméneutique et de la vérité.

Le fait qu'un même texte puisse offrir d'innombrables

interprétations implique qu'il n'y a pas d'interprétation « juste ». Ce qui conduit en fait à sortir de la logique binaire du vrai et du faux, (de la logique grecque) pour entrer dans ce que nous appellerons la « logique du sens »...

Comme le formule très bien Nietzsche : « Il existe toutes sortes d'yeux... aussi, il y a en conséquence toutes sortes de vérités, et en conséquence, il n'y a aucune vérité [127]... ».

Pour entrer véritablement dans la pensée hassidique il faut, chaque fois qu'est affirmée une certitude, chercher l'affirmation opposée avec laquelle cette certitude est en rapport. La pensée hassidique ainsi, ne cesse de s'opposer, sans jamais se contenter d'elle-même, sans jamais, non plus, se satisfaire de cette opposition.

A cette forme de pensée correspond une parole dont la modalité maintient l'exigence dynamique. Il s'agit, à nos yeux, de la « parole questionnante », de la question.

> « *La question est mouvement... Dans la simple structure grammaticale de l'interrogation, nous sentons déjà cette ouverture de la parole interrogeante ; il y a demande d'autre chose ; incomplète, la parole qui questionne affirme qu'elle n'est qu'une partie. La question est donc essentiellement partielle, elle est le lieu où la parole se donne toujours inachevée...*
>
> « *La question, si elle est parole inachevée, prend appui sur l'inachèvement. Elle n'est pas incomplète en tant que question ; elle est au contraire la parole que le fait de se déclarer incomplète accomplit. La question replace dans le vide l'affirmation pleine, elle l'enrichit de ce vide préalable. Par la question, nous nous donnons la chose et nous nous donnons le vide qui nous permet de ne pas l'avoir encore ou de l'avoir comme désir de la pensée* » [128].

La pensée hassidique est une pensée de la question, et ce n'est certainement pas par hasard si le premier mot du Talmud est justement une question : *Méématai :* « A partir de quand ? »

Rabbi Nahman de Braslav explique[129] que l'espace interrelationnel de la ***Mahloquèt*** procède du ***hallal hapanouï*** de l'espace vide, nécessaire à la création. Dieu se retire : il laisse un « espace vide » (hallal hapanouï) qui est essentiellement le lieu originaire de toutes les questions, car il comprend en lui-même la question des questions : l'Enigme ! En effet : Dieu se retire : il est donc absent ! Mais peut-il exister quelque chose coupée de la vitalité que lui insuffle le divin ? Non ! Dieu est donc présent. **Yéch-vé-ayïn,** « Etre et néant » coexistent dans un même temps. Lorsque deux maîtres discutent ensemble, la relation procède de ce paradoxe, c'est ce qu'on appelle la **Bina.** Ce mot ne désigne pas une qualité ou une capacité intellectuelle, mais une attitude relationnelle, de dialogue, qu'il faut maintenir.

Qu'y a-t-il donc entre les deux maîtres qui s'opposent ?

> « *Un néant plus essentiel que le Néant même, le vide de l'entre-deux, un intervalle qui toujours se creuse et en se creusant se gonfle, le rien comme œuvre et mouvement* »[130].

Un texte des Pirqué Avot (Texte classique de la littérature talmudique) dit : « Toute ma vie, j'ai grandi entre les maîtres »[131]. Selon Rabbi Nahman, cette maxime signifie : J'ai grandi « entre » (*beyne*), c'est-à-dire dans l'espace de néant, dans le vide qui sépare et unit les maîtres en situation de ***Mahloquèt***[132].

Pour maintenir la relation paradoxale en jeu dans la

Mahloquèt, la question ne doit pas attendre de réponse : « La réponse est le malheur de la question »[133]. En effet, par la question les choses sont amenées, transformées en « possibles », élevées « dramatiquement jusqu'à leur possibilité, au-delà de leur être »[134].

Répondre serait faire retomber à l'être ce qui tendait au-delà. La réponse supprime l' « ouverture », la richesse de la possibilité ; or le rôle de la question est justement d'ouvrir. La question « inaugure un type de relation caractérisé par l'ouverture et le libre mouvement »[135].

Dans le cadre du problème de l'interprétation, la question tient une place privilégiée et prend ici le sens de « remise en question ». L'herméneutique, c'est-à-dire l'art d'interpréter, et non pas l'art de répéter, implique la suspension fondamentale de nos propres préjugés.

Or toute suspension de jugement, même et surtout celle de préjugés, a du point de vue logique, la structure d'une question. L'essence de la question est d'ouvrir et de laisser ouvertes des possibilités...

L'ouverture de ce qui est demandé réside dans le caractère non fixé de la réponse. La chose demandée doit rester en suspens... mise en suspens de façon que le « contre » équilibre le « pour ». Une question n'achève son sens qu'en passant par ce suspens qui fait d'elle une question ouverte.

« Toute question authentique demande cette ouverture »[136].

58. *La tradition du Nouveau !*

La pensée du penseur commence avec l'étonnement. Mais il ne s'agit donc pas d' « être étonné », mais précisément de s' « étonner ».

L'étonnement hassidique n'est pas une réaction par rapport au monde ; c'est un acte délibéré, volontaire, totalement actif et créatif à la fois. L'origine de cet étonnement ne se trouve pas dans le monde, mais dans l'homme[137].

L'étonnement doit porter sur tout ce qui nous entoure : le temps, l'espace, les choses, les hommes semblables, les animaux, les plantes, les outils, etc. et nous-mêmes.

Paradoxalement, la question ne vise pas l'Inconnu, des mondes mystérieux et invisibles, lointains et difficilement accessibles, les « arrière-mondes », mais le « proche » et le « prochain » tout ce qui est à proximité et que nous rencontrons « tout d'abord ».

Pourquoi ?

> « *Parce que ce que nous rencontrons " tout d'abord ", ce n'est pas le proche mais toujours l'habituel. (Or) l'habituel possède en propre cet effrayant pouvoir de nous déshabituer d'habiter dans l'essentiel et souvent de façon si décisive qu'il ne nous laisse plus jamais parvenir à y habiter* »[138].

Toute existence personnelle est la reprise d'une tradition pré-personnelle. Cependant, le sens de cette tradition — malgré sa transmission effective — se perd et est souvent oublié : « L'homme dans le monde se meut toujours sur le sol d'une traditionnalité non analysée et depuis longtemps impénétrable »[139].

L'homme est essentiellement un « être traditionnel », c'est-à-dire :

> « *qu'il succombe à une tradition qu'il ne saisit que plus ou moins explicitement. Cette tradition le décharge du souci de conduire lui-même sa vie, de poser une question radicale et de faire un choix décisif... La tradition qui impose ainsi sa suprématie, loin de rendre accessible ce qu'elle " transmet " contribue, au contraire, le plus souvent, à le recouvrir. Elle dégrade son contenu en évidence et barre l'accès aux " sources " originelles, où les catégories et les concepts traditionnels furent, au moins en partie, vraiment pensés. Elle supprime tout besoin de comprendre la nécessité d'un retour aux sources* » [141].

C'est ici qu'intervient la question, l'étonnement, « dans la mesure où, à cette occasion, l'homme assiste à la ruine de ses traditions de savoir, de ses pré-connaissances du monde et des choses, et où il éprouve la nécessité d'une nouvelle explication avec le monde » [142]. Pour que se ranime une tradition sclérosée, durcie, pour éliminer les surcharges dont celle-ci s'est grevée en s'inscrivant dans la durée, pour se débarrasser des alluvions qu'elle a déposés, il faut adopter une attitude fondamentalement critique à laquelle il est possible de donner le nom de ***« destruction »*** [143] pour en marquer la radicalité et l'importance. Il s'agit d'un acte de destruction totalement positif qui doit permettre à l'homme « de s'ouvrir à *nouveau* et pour ainsi dire *originairement* au monde, de se trouver à l'aube d'un nouveau jour du monde où lui-même et tout ce qui est, commencent à apparaître sous une *nouvelle* lumière, où le monde s'offre à lui de *manière neuve* » [144]. Cette idée de la nouveauté de la perception, dans la compréhension du monde et des choses est une constante de la pensée talmudique[145], midrachique[146], puis de manière encore plus évidente dans la pensée hassidique chez les maîtres comme l'auteur du Sefat Hemet[147], Rabbi Nahman Braslav ou encore Rabbi Tsadoq Hakohen de Lublin !

C'est la notion de ***Hithadechout*** que l'on trouve comme référence principale dans les commentaires du verset 16 du chapitre 26 du Deutéronome : *Hayom hazé Hachem Eloquékha metsavékha laassot :* « Aujourd'hui, Dieu t'ordonne de faire... »

Le Midrach Tanhouma demande :

> « *Que signifie* " *aujourd'hui* " *? (Hayom hazé). Le Saint béni soit-il n'avait-il rien ordonné jusqu'à présent ? Pourtant l'* " *aujourd'hui* " *en question se situe dans la quarantième année après la Révélation.*[148] *Voici ce qu'il faut comprendre :* " *Moïse dit à Israël : la Tora doit vous être si chère que chaque jour doit être pour vous le jour même de la Révélation (Kéilou bayom hazé quibaltèm otah méhar Sinaï)* ».

Nous possédons une autre version de ce Midrach, donnée par Rachi dans son commentaire sur le verset cité. C'est en fait cette version qui est reprise généralement par les commentateurs :

> « *Aujourd'hui, c'est-à-dire qu'ils soient (les commandements) considérés à nos yeux comme s'ils étaient nouveaux. (Yiyou beénékha kébahachim)* ».

La suite de ce Midrach, beaucoup plus rarement citée, est d'une importance capitale :

« Rabbi Yohanan dit : Celui qui fait la Tora (Kol haossé èt Hatora) selon sa vérité (laamitah) est considéré comme s'étant fait lui-même (Kéilou hou assa atsmo) ainsi qu'il est dit : " En ce temps-là (baèt hahi) Dieu m'a ordonné de vous enseigner ces règles et ces lois pour que " vous les fassiez " (laassotekhèm otam...) Il n'est pas écrit que " vous les fassiez " (laassot otam), mais que " vous vous fassiez " (laassotekhèm atèm) [149]*, c'est ainsi que l'homme se crée et se fait lui-même (hou assa ouvara èt atsmo) ».*

A partir de ce Midrach, nous pouvons faire quelques remarques sur les motifs et les finalités de l' « attitude questionnante »[150]. L'étonnement et le questionnement « font sortir l'homme hors du mode fondamental de son accomplissement de vie[151] ; hors de la négligence et de la paresse métaphysique où il a cessé d'interroger le monde... »

L'étonnement et le questionnement — la ***Hokhma*** — jettent l'homme hors de l'engagement de la familiarité quotidienne avec le monde, familiarité prédonnée, traditionnelle et archaïque, avec le monde depuis toujours débattue, vers l'indigence créatrice d'un non-savoir[152].

Par l'étonnement et le questionnement, l'homme va pouvoir se libérer une bonne fois (pour toutes) de l'emprise (fût-elle inconsciente) de certaines habitudes de pensée, convictions, théories reçues sans vérification, opinions, préjugés, décisions toutes faites, qui décrètent ce que sont le monde, les choses, les personnes, la connaissance, etc.

Jusqu'ici, la fonction de la ***Hokhma*** a été présentée, sur un plan théorique, on pourrait dire dans le cadre d'une « théorie de la connaissance ». Le Midrach que nous avons cité semble insister, pour sa part, sur la connaissance de l'être et du faire, ainsi que sur le rapport entre être et savoir. *Kol yom kéhadachim,* qu'on pourrait traduire par la « tradition du nouveau », nécessite après le moment de « destruction positive » une réactivation du sens...

Le ***Hidouch,*** l' « innovation de sens » aspire toujours à aller au-delà du sens prédonné. On ne sort pas de l'habituel pour retrouver l'origine ; le mouvement n'est pas régressif. Il existe au contraire une volonté impérieuse de construire le sens pour construire le développement de l'Histoire. La réactivation ranime la force créatrice de l'interprétation. Ce n'est pas le sens qui est réactivé, mais toujours le pouvoir du mot, de l'événement ou de la chose de signifier encore et au-delà.

59. « Je danse donc je suis ».

Le hassidisme est un plaidoyer pour une existence joyeuse et heureuse.

Avec le Baal Chem Tov, la tristesse disparaît.

Nous venons de montrer les grandes lignes de la pensée hassidique qui se présentait comme une éthique du renouvellement de la pensée et de l'action.

En une phrase de Rabbi Nahman de Braslav, nous entendons l'essentiel : « Il est interdit d'être vieux ».

L'éthique du renouvellement est fondée sur une définition de l'homme comme être de désir (*Ratsone*). Cette capacité d'être-autre tend vers la joie et est à proprement parler la joie : ***Simha*** [153].

La joie est à la fois le but et le lieu même du désir ; elle est cette force interne qui pousse l'homme à..., qui tire l'homme vers l'avenir.

« L'existence n'est pas seulement une course indéfinie,

une différentialité perpétuelle, elle est aussi orientée vers un but qui se nomme joie d'exister »[153 bis].

Mais, attention ! elle n'est jamais plénitude car, ici, il nous faut souligner encore que la perfection de l'homme est sa perfectibilité (Neher).

L'ouverture hassidique est une aventure de la joie.

Rabbi Nahman de Braslav a formulé cet impératif catégorique : ***Mitsva guedola liyehot besimha tamid :*** « c'est une grande *Mitsva* (obligation) d'être toujours dans la joie.

« La *tristesse*, c'est l'exil de la présence divine » disait-il encore. Mais lorsque l'homme fait une action dans la joie, qu'il s'ouvre au miracle du futur, il délivre les étincelles de sainteté retenues prisonnières dans les êtres[154].

La joie de l'action libère les étincelles, mais la libération des étincelles est ce qui est la source même de la joie[155].

Lorsque la joie saisit le corps de l'homme, ses mains se lèvent, ainsi que ses pieds. Il ne peut alors s'empêcher de danser »[156].

Ces quelques aphorismes remarquables de Rabbi Nahman que l'on trouve dans son œuvre intitulée *Liqouté Moharan,* montrent bien le rapport entre la joie et la création ou la libération... « La joie est ce qui permet à l'homme d'innover de nouveaux sens dans la Tora »[157].

Dans le chapitre 24 du *Liqouté,* Rabbi Nahman développe une dialectique très importante où il montre l'impossibilité pour le désir et la joie d'atteindre l'infini. Il reste toujours une force antagoniste qui ramène dans la direction contraire. La dynamique de la recherche est conditionnée par une impossibilité radicale d'atteindre l'infini. Sans cela, l'homme s'annulerait de lui-même. Ainsi n'existe-t-il pas dans le hassidisme de joie extatique.

***

La joie a une place si importante dans le hassidisme qu'elle conditionne maladie et guérison. Pour Rabbi Nahman, par exemple, toutes les maladies n'ont qu'une origine : la tristesse.

> « *C'est une grande mitsva d'être toujours dans la joie, de se renforcer et d'éloigner la tristesse et l'amertume de toutes ses forces.*
>
> *Toutes les maladies qui viennent sur l'homme, toutes viennent de la dégradation de la joie... La dégradation de la joie vient d'une distorsion du " chant profond " (nigoun) des dix rythmes vitaux (Defiquim).*
>
> *Quand la joie et le chant (nigoun) sont abîmés, la maladie s'empare de l'homme.*
>
> *La joie est un grand remède.*
>
> *Il s'agit de trouver en soi un seul point positif qui nous rende joyeux et de nous y attacher.*

La joie est la création d'un espace où la parole peut se donner, exister...

Comme le rire, en son éclat, bouleverse l'espace sonore, l'agrandit et lui ouvre son espace de résonance, ainsi la joie est liée à la capacité à s'exprimer, à se dire, pour briser les chaînes de l'enfermement, du cercle des mots et des pensées toutes faites. La joie est cette capacité que l'homme a à s'inventer »[158].

La joie, c'est une danse, une ronde qui trouve la force d'ouvrir un maillon pour donner un nouveau souffle à la vie[160].

HUMOUR ET LIBERTÉ
EN GUISE DE NON-CONCLUSION

Un juif rencontre un jour un moujik sur la route :

— « Où vas-tu comme ça ? » demande le moujik au juif.

— « Je vais à Kiev », répond le juif.

— « Comment ! tu vas à Kiev ?, s'étonne le moujik, mais tu sais que Kiev est à trente verstes et tu es tout seul, à pied, sur la route... Et qu'est-ce que tu vas faire à Kiev ? »

— « Oh rien, répond le juif, je n'ai rien à y faire, mais je trouverai bien quelqu'un là-bas pour me ramener... »

L'ensemble des propositions que nous avons développées dans ce livre ont pour projet de rendre possible une liberté fondée sur la capacité de rencontre avec le nouveau, une manière d'échapper à l'emprise d'une logique du concept.

Le fondement d'un tel comportement s'appuie sur une compréhension de l'éthique comme perfectibilité et non perfection : voyage de l'être, « Caresse ».

L'attitude éthique consiste dans ce voyage infini, qui n'est pas une errance maudite, mais au contraire la bénédiction même de l'être.

C'est ici que, sous le « lire » peut s'entendre le « rire » ; la pensée itinérante du hassidisme est aussi un éclat de rire. Le hassidisme, comme humour, « c'est la conscience en voyage ».

Comme Abraham qui se met en route sans intention de revenir et donne naissance à une histoire, à un fils qui se nomme « humour »[161], le Hassid est un vagabond, le « vagabond de l'humour » qui reste éternellement en état de vagabondage : voyageur d'une errance infinie.

L'errance est la spécialité du hassid et des juifs. Par opposition au sérieux de la logique philosophique, ce qu'on appelle l'humour hassidique, ou encore l'humour juif si l'on veut, c'est la mise en doute des vérités toutes faites, et d'abord mise en doute de soi-même[162].

L'humour offre à l'homme un moyen de déjouer la violence que d'autres voudraient lui imposer, de ridiculiser ceux qui voudraient lui ôter son visage. Mais le rire, cette « lecture aux éclats » du Midrach, du Talmud et des textes ne prétend pas opposer une vérité à une autre.

« L'humour exige de l'homme autre chose encore : qu'il se moque aussi de lui-même, pour qu'à l'idole renversée, démasquée, exorcisée ne soit pas immédiatement substituée une autre idole »[163].

L'homme hassidique, qui a refusé de s'enfermer dans un sens unique du monde, est toujours en route ; il n'est jamais arrivé, il va ailleurs, toujours au-delà...

L'homme hassidique possède le sens de l'humour ; il dialogue sans cesse avec le monde. Il écoute le monde dans lequel de nouvelles choses peuvent advenir. Ainsi s'inscrit-il dans le temps où tout est mobile.

Le voyage est possible si la conscience accepte la discontinuité de ses perceptions, si elle accepte brisures, fractures ; en un mot, si elle est ouverte à une Révélation.

De brisure en brisure, de recollection en recollection dans le « se faisant », l'homme hassidique produit du temps.[164]

L'éthique du hassidisme propose un ensemble de processus qui permettent de s'affranchir des formes instituées de l'expérience pour inventer de nouvelles formes de vie. Les différentes actions de l'homme doivent essayer d'inventer de nouvelles formes d'expériences jamais consignées. Une telle éthique n'est pas un devoir abstrait, mais option de vie.

Le hassid est ***homme du hidouch*** de la nouveauté. Comme nous l'avons déjà dit, l'éthique est liée à l'herméneutique ; cette dernière n'est pas seulement à entendre comme expérience de la compréhension existentielle, rendant possible l'invention de soi. L'éthique soutient que chacun a le devoir de rechercher la liberté d'inventer d'autres formes d'expériences.

Cette éthique n'assimile pas la liberté à la découverte de quelque vérité ou de quelque authenticité, mais à un constant effort d'affranchissement et d'invention de soi, du risque de soi.

Le hassid existe dans ce qui fait que chaque jour n'est pas la répétition du jour qui précède. Dans la langue de Rabbi Nahman, cela se traduit par « l'interdiction d'être vieux ».

L'éthique hassidique est une exigence de l'inimitable. Elle se situe en ce moment privilégié où l'homme s'arrache à l'image de lui-même, lorsqu'il refuse de s'enfermer dans le *maintenant* de la représentation qui est abolition du temps.

La brisure du Moi est de l'ordre de l'humour. Nous

avons dit plus haut que l'humour est « errance » en reprenant les réflexions de Jankélévich sur le « vagabond humour »[165]. En fait, il voudrait peut-être dire que l'humour est « chemin », car l' « errance » peut être malentendu.

Il faut se méfier de l' « errance ».

Tout d'abord elle est, ou risque d'être, « un fantasme de non-lieu avec les petits profits narcissiques que cela comporte : n'être coinçable nulle part, n'avoir à répondre d'aucune place, être une pure dérive identifiée à celle des mots ».

Le hassid-humoriste n'est pas dans l' « errance-erreur » ; il a plutôt la vocation de tromper l'errance en produisant une mobilité, une disponibilité à la lettre et au langage.[166]

Le hassid est toujours à la recherche d'une ***désignification*** positive qui signifie que toutes les fois qu'il veut se mirer en lui-même, le miroir se brise.

Le chemin peut se poursuivre.

« Il n'y a pas à s'étonner que la question de l'identité ne puisse recevoir de réponse.

Elle n'en recevra pas. Ou ce qui revient au même, elle ne cesse, ne cessera pas d'en recevoir.

Non seulement, il n'y a pas de définition du juif, mais comme tout ce qui est l'ordre de l'humain, il échappe au définir ».

Il n'y a pas d'identité mais seulement des possibilités d'identités. Des identités possibles.

« L'homme se fait de se défaire, il n'a que le risque, l'inconnu qui recommence...[167]

***

NOTES

1. G. Sholem, *Les grands courants de la mystique juive*, Payot, 1973, p. 343.

2. Pour le hassidisme contemporain, voir A. Mandel : *Des juifs hassidiques du XVIIIe siècle à nos jours*, Hachette littérature, 1974.

3. Cf. G. Sholem, op. cit., p. 94 à 133.

4. Ibid., p. 20 et 21, cf. aussi G. Sholem, *Le messianisme juif*, Calmann-Lévy, 1974, p. 72 et 73.

5. A. Mandel, La voie du hassidisme, Calmann-Lévy, 1963.

6. M.-A. Ouaknin, *Lire aux éclats*, Lieu Commun, 1989.

7. Sur ce point, cf. le livre de Charles Mopsik : *La Cabale*, Collection Ouverture, J. Grancher éditeur, 1988.

8. Pour toutes ces idées, cf. Sholem, *Les grands courants*, op. cit., p. 277 et sq.

9. Citation chère à André Néher : « La perfection de l'homme est sa perfectibilité ».

10. Parachat *Ki Tissa* 12.

11. La théorie des cinq niveaux de l'âme se trouve déjà dans le *Midrach Rabba*, Genèse 14, 9, mais sans cette configuration hiérarchique.

12. Moïse Zacuto, commentaire du Zohar I, 78 a ; cf. *Miqdach Melekh*, Amsterdam, 1750, fol. 132 a.

13. Nous pensons essentiellement aux voyages de Rabbi Nahman de Braslav et du Baal Chem Tov, cf. par exemple *Lire aux éclats*, Lieu Commun, 1989, p. 340 et ss.

14. Le Messianisme juif, op. cit., p. 101.

15. A. Mandel, *Des juifs hassidiques du XVIIIe siècle à nos jours,* Hachette, 1974, p. 31.

16. Cf. A. Mandel, La voie du hassidisme, op. cit., p. 147. On peut dire et écrire aussi Chettele.

17. A. Mandel, Des juifs hassidiques, op. cit., p. 32.

18. Ibid.

19. Ibid., p. 34 à 67 pour une surprenante visite guidée dans le *Shtetl,* parfaitement réussie. Il décrit un shtetl du début du XXe siècle. A lire absolument.

20. H. Graëtz, *Histoire des juifs,* tome 5, p. 153 à 160, Paris, 1897, traduit en français par Moïse Bloch.

21. Cf. Sholem, *Sabbataï Tsvi,* Verdier, 1983, p. 99 et sq.

22. Il était habituel de nommer les garçons nés le samedi du nom de Shabataï ou Shabtaï du mot Shabat c'est-à-dire Samedi.

23. Sur la description exacte de la maladie, cf. Sholem, *Sabbataï Tsvi,* Verdier, 1983, p. 137 et sq.

24. Cf. Sholem, ibid.

25. On les appelle les *Doumeh.* Cf. Sholem, *Le Messianisme juif,* p. 219 à 247. On rencontrerait encore aujourd'hui des Doumeh en Turquie, cf. p. 147.

26. Sholem, *Le Messianisme juif,* op. cit., p. 198 et sq.

27. Sholem fait remarquer que les aphorismes ne diffèrent pas de ceux de nombreux maîtres hassidiques célèbres.

28. Toutes les citations sont de Sholem, op. cit., p. 202 et sq.

29. Ibid., p. 210, voir aussi le rapport avec la Révolution française.

30. *La voie du hassidisme,* p. 107 et sq.

31. E. Wiesel, *Célébration hassidique,* Seuil, 1972, p. 22.

Cf. Mandel, op. cit., p. 115.

Cf. aussi A. Z. Aescoly-Weintraub, *Le Hassidisme,* Geuthner, Paris, 1928.

32. Cf. A. Weintraub, op. cit., p. 23.

33. Cf. Weiss, *Le début de la floraison de la voie hassidique ;* en

hébreu, Revue Tsion 1951, n° 16, repris dans A. Rubinstein, chapitres dans l'enseignement hassidique et son histoire, Jérusalem, 1978, éd. Merkaz Zalman Shazar.

34. A. Y. Heschel, *Le Tourment de la vérité*, Cerf, 1976.
35. Op. cit., p. 144.
36. A. Weintraub, op. cit., p. 109 et sq.
37. Cf. Sholem, *La mystique juive*, Cerf, 1985, p. 137.
38. Weiss, op. cit., p. 147.
39. Cf. Zohar, III.
40. Rabbi Azaria di Pano, III, 15.
41. Chivhé Habecht, éd. Horodezki, p. 80 et 81.
42. Cf. Weintraub op. cit.
43. Cf. E. Wiesel, *Contre la mélancolie*, Seuil, 1981, p. 9, sq.
44. Ibid., p. 55 et sq.
45. Sur le Maguid, cf. Wiesel, *Célébration hassidique*, p. 63 et sq.
46. Pour un aperçu général de la doctrine de Rabbi Schnéour Zalman, cf. Weintraub.
47. Il existe actuellement une traduction française ainsi que des commentaires en français. Cf. aussi Weintraub, p. 89 et sq.
48. Cf. Wiesel, op. cit., p. 283 et sq.
49. Pour les détails, cf. Weintraub, p. 209 et sq. Cf. aussi Wiesel, *Paroles d'étranger*, p. 134 et 155, Seuil.
50. Cf. Wiesel, *Contre la mélancolie.*
51. Peretz.
52. Cf. D. Sibony, *Jouissance du Dire*, Grasset.

52 bis. Cf. sur ce thème la très riche réflexion de Robert Misrahi, in *Lumière, commencement, liberté*, Plon, 1969.

53. Exode 13.
54. Cf. *Le Guide des égarés*, chap. 13 et sq.
55. Rabbi Nahman de Braslav, *Liqouté Morahan* I, 31.
56. La méthodologie hassidique rejoint ou est rejointe en cela par les formulations de l'herméneutique contemporaine. Cf. Gadamer, *Vérité et Méthode.*
57. Rabbi Nahman de Braslav, *Sihot haran*, paragraphes 266

et 267. Nous intitulons ce texte « Le manifeste de Rabbi Nahman ».

58. Pierre Legendre, *L'inestimable objet de la transmission*, Fayard, 1985, p. 75.

59. Ibidem, p. 91.

60. *Liqouté Moharan*, I, 282.

61. C. Castoriadis, *Les carrefours du Labyrinthe*, Seuil, 1978, p. 21.

62. Michna Avot.

63. Legendre, op. cit., p. 129.

64. M. Buber, *La voie de l'homme selon l'enseignement hassidique*, p. 9, Cahier Hermès, 1968.

65. Lévinas, *L'Au-delà du verset*, Minuit, p. 163.

66. Gadamer, op. cit., p. 245.

67. Maïmonide, *Le Guide des égarés*, Verdier, 1980, p. 480.

68. *L'Au-delà du Verset*, op. cit., p. 141.

69. M. Blanchot, *L'Entretien Infini*, Gallimard, p. 501.

70. Cf. M. A. Ouaknin, *Le Livre brûlé*, Paris, 1986, p. 368.

71. Kierkegaard, *Buch des Richterers*, p. 130, cité par Jean Wahl, *Etudes Kierkegaardiennes*, Vrin, 1974, p. 301.

72. Ibid.

73. Serge Vidermann, *Le Céleste et le sublunaire*, P.U.F., 1977, p. 43 et ss.

74. Ibid., p. 44.

75. Pour de plus amples développements, cf. M. A. Ouaknin, *Lire aux éclats, Eloge de la caresse*, Lieu Commun, 1986, p. 129, et ss.

76. Jankélévitch, *Quelque part dans l'inachevé*, Gallimard, 1978, p. 18 et 19.

77. Cette impossibilité de faire violence au texte est ce que nous nommons précisément la caresse.

78. Lévinas, Quatre lectures talmudiques, Minuit, 1968, p. 20.

79. Ibid.

80. Talmud Yoma 54a ; cf. aussi *Le Livre brûlé*.

81. Lévinas, *Autrement qu'être,* Nijhoff, 1974, p. 94 et 196.
82. Cf. mon livre : *Lire aux éclats.* Cf. ouverture, *le Livre de la caresse.*
83. *Le Temps et l'Autre,* Fata Morgana, p. 82.
84. *Autrement qu'être...,* p. 114.
85. *Totalité et Infini,* p. 235 et sq.
86. *Le Temps et l'Autre,* ibidem.
87. Gadamer, *Vérité et Méthode,* Seuil, p. 189 et sq.
88. H. Atlan, « Niveaux de signification et athéisme de l'écriture », in *La Bible au présent,* Idées Gallimard, 1982, p. 86.
89. Gadamer, ibidem.
90. Ibidem.
91. H. Atlan, op. cit., p. 86.
92. Deutéronome, 34, 12.
93. H. Atlan, ibidem.
94. J. L. Marion, *L'idole et la distance,* Grasset, 1977, p. 24.
95. Ibidem, p. 24 et 25, cf. aussi *Liqouté Moharan* I, 63.
96. David Banon, *La Lecture Infinie,* Seuil, 1987.
97. Nombre 10, 33-34.
98. Cf. Tossefot sur Talmud, Chabbat, 115 a.
99. *Tsafnat Panéah al hatora,* sur Nombre 10, 34-35.
100. Traité Chabbat 115 oo.
101. Bachelard, *La poétique de l'espace,* Puf., 1957, p. 139.
102. Ibid., p. 138.
103. J. Baudrillard, *L'Echange symbolique et la Mort,* Gallimard, 1975, p. 290.
104. Cf. Psaumes 108.
105. Par exemple, la traduction de Chouraqui.
106. *Liqouté Moharan,* I, 19, 9.
107. Cf. *Le Livre brûlé,* chap. Erotisme et transcendance.
108. En hébreu : Raze.
109. Cf. Le Traité *Quidouchin,* 72 a.
110. Le Beth Hamidrach est une salle qui peut abriter jusqu'à huit cents étudiants en même temps (s'exprimant tous à haute voix !) ; pour l'ambiance du Beth Hamidrach : le film

Yentl, qui a su restituer admirablement la vie de la maison d'étude ; les magnifiques photos de F. Brenner, Jérusalem, *Instants d'éternité,* Denoël, 1984, par ex., p. 56, 57, 59, 66, 67, 81, 88 ; *La danse des fidèles,* photos de L. Fredd, Chêne, 1984, p. 27, 28, 30 ; *L'Elu* de Chaïm Potok, Calmann Levy.

111. Cf. H. Marcuse, *L'homme unidimensionnel,* Editions de Minuit, 1968 ; les titres des chapitres sont assez éloquents : « *l'engourdissement de la critique : une société sans opposition* » (Introduction), « *L'Univers du discours clos* » (chap. 4). Cf. aussi R. Debray, op. cit., p. 205 et sq., le chap. « *L'impératif d'appartenance* » qui débute ainsi : « *Notre hypothèse : partout où s'ébranle un nous, il n'y a plus* « *idéologie* » *quand on ne peut plus dire nous, il n'y a plus* « *idéologie* ».

112. La pensée juive n'est pas monolithique. Par ex. : *Mahloquèt Hillel véChamaï,* qui est la plus célèbre du Talmud, entre les « écoles de pensée » d'Hillel et de Chamaï.

113. Lévinas, *De Dieu qui vient à l'idée,* Vrin, 1982.

114. *Elou véélou divré Elohim hayyim.*

115. E. Lévinas, *De Dieu...,* p. 130, 215 et sq. En fait, une grande partie de ce livre de Lévinas développe cette problématique.

116. Ibid.

117. Cité par André Néher dans *Le puits de l'exil,* Albin Michel, 1966.

118. Qui n'est pas « manuel » se refusant à la main, à la prise du « comprendre » et du saisir.

119. A ce sujet, cf. Lévinas, *Autrement qu'être...,* Nijhoff, 1974.

120. Voir *Baba Metsia,* 84 a, à propos des polémiques entre R. Yohanan et Rech Laquich.

121. Lévinas, *De Dieu...,* p. 211 et sq.

122. F. Collin, *Maurice Blanchot et la question de l'écriture,* Gallimard, 1974, p. 95.

123. On pourra d'ailleurs remarquer que les titres de ces dialogues sont des noms propres uniques : Ménon, Cratyle, Protagoras, Gorgias, etc.

124. Lévinas, op. cit., p. 215.

125. Ibidem, p. 215.

126. Cf. en contrepoint, Heidegger, *Qu'est-ce qu'une chose?*, Gallimard, 1971, p. 81 et sq.

127. Cité par K. Jaspers in *Nietzsche,* Gallimard-Tel, p. 189. La thèse fondamentale de Nietzsche est que tout être est être interprété : « Il n'existe pas de chose en soi, pas d'événement en soi, pas de connaissance absolue, l'illusion perspectiviste le propre de l'existence » (ibidem, p. 291).

Ainsi, la connaissance est-elle interprétation, acte de mettre un sens, non une explication ; « Il n'y a pas de situation de fait, tout est fluent, insaisissable, fuyant l'atteinte » (ibidem, p. 292).

128. M. Blanchot, *L'Entretien Infini,* Gallimard, 1969, p. 13 et 14. Cf. à propos de ce passage Lévinas, *De Dieu...,* op. cit., p. 136 : « ... Quand on veut parler de la question recherche et désir... »

129. *Liqouté Moharan,* I, 54.

130. M. Blanchot, op. cit., p. 8, pas de synthèse hégélienne, pas de dialectique, mais une hyperdialectrique, Cf. Merleau Ponty, *Le visible et l'invisible,* Gallimard, p. 175 ; et J. Weiss, *Studies in Braslav Hassidism,* Jérusalem, 1974, chap. 8, « La question dans la pensée de Rabbi Nahman ».

131. *Pirqué Avot.*

132. *Liqouté Moharan,* ibidem. Cf. aussi la première partie du *Livre brûlé.*

133. M. Blanchot, op. cit., p. 15.

134. Ibidem, p. 14.

135. Ibidem, p. 16.

136. Gadamer, *Vérité et Méthode,* Seuil, 1976, p. 208.

137. Sur l'étonnement en philosophie : Platon, *Théétête,* 115 d ; Aristode, *Métaphysique,* 982 b ; 11 : Schopenhauer disait : « Avoir l'esprit philosophique, c'est être capable de s'étonner des événements habituels et des choses de tous les jours... Plus un homme est inférieur par l'intelligence, moins l'existence a pour lui de mystère. Toute chose lui paraît porter en elle-même

l'explication de son comment et de son pourquoi ». *Le Monde comme volonté...,* chap. 17 des « Suppléments », Alcan, tome II, p. 294 et sq.

138. Heidegger, *Qu'appelle-t-on penser?,* PUF, 1973, p. 141.

139. E. Fink, *De la phénoménologie,* Ed. Minuit, 1974, p. 212.

140. Heidegger emploie la formule suivante : « L'être-là est son passé », *L'Etre et le Temps,* Gallimard, 1964, p. 36.

141. Ibidem, p. 37 et 38.

142. Fink, op. cit., p. 203.

143. C'est le terme utilisé par Heidegger, op. cit., p. 39, (Destrucktion en allemand). Rabbi Tsadoq Hakohen de Lublin (*Péri Tsadiq,* sur « Ki Tavo », par. 9) parle de Bitoul : d' « annulation ».

144. Fink, op. cit., p. 203 (c'est nous qui soulignons).

145. Erouvin, 54 b.

146. Tanhouma sur « Ki Tavo », 1.

147. Rabbi Yéhouda Arié Lev de Gour.

148. *Deutéronome,* 1, 3.

149. Le mot otam étant défectif — sans vav — il peut se lire atèm, c'est-à-dire « vous ».

150. Qui est en fait la traduction de Hokhma (la sagesse). *Koah-Ma* (« la faculté de dire : quoi? »).

151. La traditionnalité. Citation extraite de Fink, op. cit.

152. A ce sujet, cf. Rabbi Nahman de Braslav, cité par Rabbi Natan de Némirov in « Paroles » *(Sihot Haran),* n*266 de l'édition ponctuée, 1982 et n*153 ; aussi *Liqouté Moharan,* II, 78.

Peu de temps avant sa mort Rabbi Nahman de Braslav s'adressa à ses disciples : « Pourquoi venir à moi? Voici que maintenant je ne sais rien *(halo ani éni yodéa ata klall).* Lorsque je vous transmets un enseignement, je comprends que vous veniez à moi, mais pourquoi venez-vous maintenant? Pourtant, je ne sais rien, je suis totalement simple et indigent... » Il répéta à plusieurs reprises, sincèrement, qu'il ne savait rien... Alors, il commença à parler et à enseigner. A retenir aussi cette admirable phrase de Rabbi Nahman qui pourrait résumer toute l'attitude questionnante : « Il est interdit d'être vieux... », *Liqouté Halakhot,* « Orah Hayim », « Hilkhot Téfilin », 5, 7. « *Tsarikh leathil bekhol paam méhadach :* Il faut recommencer, à chaque fois, à nouveau... »

153. Cf. Rabbi Nahman de Braslav, *Liqouté Moharan* 1re partie section 22, 9-10 (en abréviation L.M.I., 22, 9, 10).

153 bis. Cf. R. Misrahi, *Traité du bonheur,* Seuil, 1981.

154. L.M.I., 24.

155. Ibid.

156. L.M.I., 24. C'est le sens de l'aphorisme de Claude Vigie, « je danse donc je suis » qui fait le titre de ce paragraphe.

157. L.M.I., 65.

158. L.M.II., 24.

159. Sanhédrin 100 a.

160. L.M.II., 24.

161. *Yitshaq* signifie : il rira.

162. V. Jankélévitch, *Quelque part dans l'inachevé,* Gallimard, 1978.

163. Ibid.

164. Il y a ici une réflexion sous-jacente à l'interdit de la représentation dans le judaïsme : l'image interdite est celle qui arrête le temps, où la diachronie du temps se transforme en synchronie, où le dire se transforme en dit. Cf. Avoda zara 42b-43a et Roch-Hachana 24a et b ; cf. aussi Maïmonide, *Sefer Hamada,* Hilkhot Avoda zara, 3, 9-10-11 ; cf. aussi Yoré Déa 141,4 ; cf. aussi Colloque de Montpellier 1981, *L'interdit de la représentation,* Seuil, 1984.

165. W. Jankélévitch, *Quelque part dans l'inachevé,* p. 153 et ss.

166. D. Sibony, *La jouissance du dire,* Grasset, 1985, p. 213. Voir plus loin la critique de l'utilisation du mot errance.

167. H. Meshonic, *Jona et le signifiant errant,* Gallimard, 1981, p. 133.

VISITE GUIDÉE D'UNE BIBLIOTHÈQUE HASSIDIQUE DE LANGUE FRANÇAISE EN GUISE DE BIBLIOGRAPHIE

Ce livre se compose de deux parties distinctes. La première, historique, montre les fondements du Hassidisme.

La grande majorité des informations proviennent des recherches de Gershom Sholem qui fut et reste encore le plus grand spécialiste mondial de l'histoire de la mystique juive. Nous avons consulté essentiellement : *Les grands courants de la mystique juive,* Payot, 1973, *Le Messianisme juif,* Calmann Lévy, 1974, *Sabbataï Tsevi, le messie mystique,* Verdier, 1983.

Pour cette première partie nous avons aussi consulté le livre de E. A. Weintraub, *Le Hassidisme,* Geuthner, 1934, un classique. Ainsi qu'un ensemble de textes en langue hébraïque consacrés à l'histoire du Hassidisme.

La seconde partie de ce livre sort de l'histoire des événements et des idées pour se concentrer sur la pensée vivante du Hassidisme. Nous avons voulu cependant insister sur la continuité logique entre le souffle de la pensée talmudique et hassidique.

Nous proposons ainsi au lecteur les axes clefs de cette pensée qui ont trouvé de plus amples développements dans nos deux précédentes recherches consacrées en partie à ce grand maître hassidique qu'est Rabbi Nahman de Braslav (1772-1810). Nous renvoyons ici au *Livre brûlé, lire le Talmud,* et *Lire aux éclats, éloge de la caresse,* parus aux éditions Lieu Commun, 1986 et 1989.

Le Hassidisme, avant d'être une histoire et un ensemble de propositions spéculatives, c'est d'abord une vie, une ambiance. Il est impossible de ne pas lire entre autres les deux chefs-d'œuvre d'Elie Wiesel que sont *Célébration hassidique* et *Contre la mélancolie* (célébration hassidique II) parus aux éditions du Seuil (1972 et 1982).

Dans la même lignée des grands textes le lecteur lira avec plaisir l'œuvre hassidique de Martin Buber, largement traduite en français.

Sa grande œuvre étant *Les récits hassidiques,* éditions du Rocher, 1978, ensemble d'histoires, d'anecdotes sur les plus grands maîtres du monde hassidique, à compléter par *Les contes de Rabbi Nahman* que Buber a traduits du yiddich en allemand dans une version un peu modifiée, parue chez Stock 1981 ; un petit livre vient de ressortir dans une nouvelle traduction, qui est tout simplement un chef-d'œuvre. *Le chemin de l'homme,* où Buber raconte et commente quelques histoires hassidiques, paru aux éditions du Rocher, 1989.

Mais l'incontournable sera ici le roman hassidique de M. Buber, *Gog et Magog,* qui met en scène la vie et la pensée hassidiques à l'époque napoléonienne (existe en livre de poche, Gallimard, 19 ?) signalons que Maurice Blanchot en a fait une belle critique littéraire dans *L'Amitié,* Gallimard, 1973.

En 1984, les éditions du Rocher firent paraître de Buber *La légende du Baal shem* qui présente après une introduction, des récits sur le Baal Chem Tov.

Il est important de noter dans le cadre de ce voyage au cœur de la bibliothèque hassidique que certains auteurs écrivains ou philosophes entretiennent des liens directs ou ont une pensée apparentée au hassidisme. Nous avons déjà insisté dans nos précédents ouvrages sur ce que nous devons au souffle poétique d'Edmond Jabès et au « penser » philosophique d'Emmanuel Levinas, qui traversent encore les pages de ce livre.

Nous voulons signaler aussi les œuvres de Robert Misrahi qui non seulement a consacré un livre lumineux à Martin Buber, paru chez Seghers en 1968, et a développé une philosophie de la joie et du bonheur, thème rare en philosophie. Le lecteur lira avec intérêt, *Lumière, commencement et liberté,* (Plon, 1969), où le thème du *commencement* peut se lire en contrepoint des textes hassidiques. Sur le même sujet, issu de cette même inspiration, dans une proximité de pensée sans en être le reflet direct, les Volumes du *Traité sur le bonheur,* (Seuil, 1981, 1983) ainsi que *Les actes de la joie :* fonder, aimer, agir (PUF, 1987) donneront au lecteur des éclairages d'une grande richesse sur le désir, la joie, le voyage.

La visite de la bibliothèque hassidique se prolonge. Le lecteur trouvera deux très beaux livres de Abraham Yeochoua Heshel entre la philosophie et le récit : *Les bâtisseurs du Temps,* aux éditions de Minuit, 1957. C'est un grand classique sur le hassidisme et le thème du Chabbat. Le second s'intitule *Le Tourment de la Vérité* paru aux éditions du Cerf, 1976 ; il s'agit d'un parallèle intéressant entre la philosophie existentielle de Kirkegaard et la pensée philosophico-hassidique de Rabbi Menahem Mendel de Kotzk.

Fatigué de philosophie, le lecteur peut faire une pause dans la littérature des contes ou de roman. *Les contes hassidiques* de Y. L. Peretz chez Stock, et *Métamorphose d'une mélodie,* chez Albin Michel, donnent immédiatement la tonalité et l'ambiance hassidiques du shtetl.

Mais comme nous l'avons dit dans l'avant-propos, le hassidisme est vivant et contemporain. Des romans de Haïm Potok comme *L'Elu, Je m'appelle Asher Lev, La Promesse,* etc. montrent bien à la fois la vie hassidique mais aussi ses tensions et ses conflits. Paru chez Buchet Chastel et réédité en poche. Un bon exemple de la littérature juive américaine qui a puisé aux sources du hassidisme.

Après cette pause littéraire, nous pouvons revenir aux textes hassidiques proprement dits et aux études consacrées à ce sujet.

Le livre de base des hassidim de Loubavitch, le *Tania* est traduit en français avec des notes et des commentaires, trois petits volumes, éditions *Merkos* L'inyoné Chinuch, New York — Paris, 1980. Avec ce monument de la pensée hassidique de Rabbi Schnéour Zalman de Liadie, le lecteur entrera de plain-pied dans les profondeurs du hassidisme. Texte d'une importance primordiale. A lire avec un Maître de préférence.

De la même école hassidique, il existe du Rabbi Dov Baer de Loubavitch, une *Lettre aux hassidim sur l'extase,* parue chez Fayard, 1975, avec une introduction et des notes importantes de Louis Jacobs. On trouvera aussi une suite à cette pensée hassidique Loubavitch dans une réflexion sur les fêtes juives par Josy Eisenberg et Adin Steinsaltz, *Le Chandelier d'or,* Verdier, 1988.

Il existe sur l'œuvre et la pensée de Rabbi Nahman de Braslav un ensemble de textes importants. On trouvera tout d'abord les *Contes de Rabbi Nahman* traduits par Franz Regnot, éditions Braslov, 198. *Les voyages de Rabbi Nahman,* éditions Braslav ; et aussi *Rabbi Nahman de Breslev, sa vie, son œuvre et sa pensée,* par Itshak Besançon, éditions Braslav.

En dehors de ces textes traditionnels, une étude sociologique sur la communauté hassidique d'Anvers a été faite par Jacques Gutwirth (Minuit, 1970) livre d'une grande richesse qui nous mène au cœur du monde hassidique contemporain. Son titre : *Vie juive traditionnelle.*

Le lecteur pourra consulter un livre récent paru au Cerf, 1989, de Yoram Yacobson intitulé *La pensée hassidique* qui montre, citations à l'appui, les différents impératifs fondamentaux du hassidisme ; un livre qui vaut le détour.

Il existe aussi dans l'*Encyclopédie de la mystique juive* un article : *le Hassidisme,* de Joël Askenazi qui ouvre des horizons sur notre sujet.

Les ouvertures hassidiques que nous présentons aujourd'hui sont le fruit d'un dialogue fécond avec tous les auteurs que nous venons de citer, — dialogue livresque ou réel —, nous avons été cependant accompagnés particulièrement pendant tout le temps de l'écriture de ce livre par la présence d'Arnold Mandel à travers ces livres, *La voie du hassidisme,* Paris 1963, *La vie quotidienne des juifs hassidiques du XVIIIe siècle à nos jours,* Hachette 1974 et *Apprentissage hassidique,* Mazarine.

La visite se termine par deux ouvrages plus récents mais qui resteront des livres de référence : *La Cabale* de Charles Mopsik, édité par Jacques Grancher dans la collection « Ouverture », et la *Kabbale vivante,* de Daniel Béresniak, Editions Trédaniel. Le premier, très dense, répond clairement et de manière concise aux questions de l'étudiant et le second constitue une introduction et aussi un exposé utile sur l'intérêt d'approcher la Kabbale aujourd'hui.

Ces ouvertures hassidiques sont un hommage à Arnold Mandel, qui nous a transmis le souffle et le feu d'une certaine révolution.

Paris le 22 novembre 1989
Marc-Alain Ouaknin

TABLE DES MATIÈRES

Deuxième partie

LA PENSÉE HASSIDIQUE

Cet ouvrage a été composé
par l'Imprimerie BUSSIÈRE
et imprimé sur presse CAMERON
dans les ateliers de la S.E.P.C.
à Saint-Amand-Montrond (Cher)
en janvier 1990

N° d'impression : 10463-2648.
Dépôt légal : février 1990.
Imprimé en France